너와 함께한 모든 길이 좋았다

너와 함께한 모든 길이 좋았다

장애 비장애 커플의 예측불가 유럽 배낭여행

초판 1쇄 펴냄 2018년 1월 19일
    3쇄 펴냄 2020년 4월 30일

지은이 박윤영 채준우
펴낸이 고영은 박미숙

펴낸곳 뜨인돌출판(주) | 출판등록 1994.10.11.(제406-251002011000185호)
주소 경기도 파주시 회동길 337-9
홈페이지 www.ddstone.com | 블로그 blog.naver.com/ddstone1994
페이스북 www.facebook.com/ddstone1994
대표전화 02-337-5252 | 팩스 031-947-5868

ISBN 978-89-5807-673-5 03920

이 도서의 국립중앙도서관 출판예정도서목록(CIP)은 서지정보유통지원시스템 홈페이지
(http://seoji.nl.go.kr)와 국가자료종합목록 구축시스템(http://kolis-net.nl.go.kr)에서
이용하실 수 있습니다. (CIP제어번호 : CIP2018000190)

장애 비장애 커플의
예측불가 유럽 배낭여행

너와 함께한 모든 길이 좋았다

박윤영·채준우

뜨인돌

언젠가는 꼭 멀리 떠나보고 싶었다. 그것은 나의 오래된 욕망이다. 일 년 열두 달 깁스를 하고 있느라 생겨난 어떤 갑갑증에서 비롯된. 이유도 모른 채 뼈가 셀 수 없이 부러졌는데 열여섯이 되어서야 내 장애가 '골형성부전증'인 것을 알았다. 아마 세상에 태어나는 순간에도 골절을 겪었을 거라고 했다.

온종일 누워서 천장만 바라보고 있노라면 깁스는 더욱 뜨거워져 몸에 땀이 흥건했다. 석고는 어쩌나 무거운지 언젠가는 구들장이 내려앉을 것만 같았다. 현관문을 바라봤다. 그곳에는 문을 박차고 뛰어나가는 내 모습이 하루에도 수십 번이나 상영되고 있었는데 나는 그 영화가 참 마음에 들었다. 그것을 볼 때마다 가슴이 미친 듯이 뛰었으니까. 아마 굉장한 희열을 느끼고 있었던 것 같다.

그래서 가능했을까. 내 나이 스물세 살이 되던 해에 '집을 나가자'라는 결심이 섰다. 가슴이 쿵! 하고 한 번 뛰더니 나를 집어삼킬 듯한 우울감과 두려움이 순식간에 사라졌다. 23년 동안 집 안에서 보냈던 세월이 하루아침에 정리가 되었고, 부모님의 걱정 어린 반대가 더는 두렵지 않게 되었다.

그렇게 혼자 서울에 올라와 자립을 시작했다. 처음에는 고삐 풀린 망아지처럼 신나서 이곳저곳 돌아다녔지만, 대학을 졸업하고 직장을 다니는 동안에 나는 조금씩 지쳐갔다. 꽤 만족스러운 삶이었음에도 어쩐지 외로웠다. 한창 무미건조한 나날을 보내고 있을 때 문제의 그 남자가 나타났다. 그는 겨울 파도가 일렁이는 정동진 바닷가에서 내게 고백했다.

"나, 누나가 좋아."

떨리는 목소리, 수줍게 웃는 두 눈도 귀여운데 커다란 체격에 구릿빛 피부가 갈색 곰을 똑 닮은 사람이 나를 똑바로 쳐다보지도 못하니 '풋' 하고 웃음이 터졌다. 그렇게 지난 3년 동안 우리는 두 손 꼭 잡은 채 봄이면 산과 들로, 여름에는 바다로 데이트하듯 여행을 떠났다. 그역시 나처럼 떠나는 것을 좋아했다. 그와 나를 엮어준 것이 혹시 역마살은 아니었을까.

그와 함께라면 어디든 좋았다. 그러나 불안했다. 이렇게 다니다가는 국내에 갈 수 있는 곳이 더는 남아나지 않을 것이 분명했으니까. 내차가 없다는 것은 치명적이었다. 전동 휠체어를 실을 수 있는 저상 고속버스는 단 한 대도 없었고, 기차로 이동할 수는 있었지만 대부분의 여행지는 기차역에서 다시 마을버스로 갈아타지 않으면 안 되었다. 정말이지 전동 휠체어를 타고서는 갈 수 있는 곳보다 갈 수 없는 곳이 더 많았다.

어느 날 아침 눈을 떴을 때 나는 또다시 가슴이 쿵! 하고 뛰는 것을 느꼈다. '지금이 아니면 안 돼'라는 생각이 스쳤고 정신이 번쩍 들었다. 오늘이 내 생에 가장 건강한 날이라면 하루라도 서둘러야 했다. 이번에도 결심이 서는 것은 한순간이었다. 어렵게 모은 약간의 돈과 유럽에서도 나와 함께하겠다는 든든한 지원군 남자 친구가 있는데 무얼 더 망설여야 할까. 더는 미룰 필요도 여유 부릴 시간도 없었다. 오늘을 놓치면 나는 지구 반대편에 발 한번 디뎌보지 못한 채 관 속에 들어가버릴 것임을 알았다.

차가운 직사각형 도시에는 이제 넌더리가 났다. 아무리 생각해봐도 유럽에 가야 했다. 유레일을 타면 내 소중한 전동 휠체어가 천덕꾸러기 대우를 받지 않고서도 유럽 구석구석을 갈 수 있을 테니 이보다 더 완벽한 곳이 있을까.

그렇게 우리는 45일간의 유럽 여행을 떠나게 되었다. 아주 먼 곳으로 떠나고 싶었던 나의 꿈, 터무니없고 철없는 생각이라고 애써 지워버리려고도 했던 나의 꿈을 이제 조금만 있으면 이룰 수가 있었다. 그에게서 문자 메시지를 받기 전까지. 딱 그 전까지는 그랬다.

"공항에 거의 다 왔어. 그런데 누나, 나는 정말 최악이야."

"무슨 말이야?"

"집에 두고 나왔어. 여권과 돈을……."

맙소사! 정말이지 그는 신비한 덤벙이다. 길이나 숫자는 기가 막히게 외우지만 개인 물품은 시도 때도 없이 잃어버리는 사람이었다. 물론 나 역시 떳떳하게 말할 수 있는 처지는 아니다. 매사 꼼꼼한 척하지만 오른쪽과 왼쪽도 헷갈리는 지독한 길치였기 때문에 여행에서 그리 신용할 만한 파트너는 아니었다. 이렇게 허점 많은 커플이 한 번도 가본 적 없는 낯선 세계로 떠난다.

우리 둘 정말 괜찮을까?

Chapter 1 **영국**

Chapter 2 **프랑스**

Chapter 5 스페인

일러두기

* 입장료, 교통편, 관광지, 장애인 편의시설 등과 관련된 내용은 현지 사정에 따라 달라질 수 있습니다.
* 각 지역 뒷부분에 실린 '휠링(wheeling) 가이드'는 휠체어 여행자를 위한 여행 정보입니다.

"결정했어. 나는 유럽 여행을 갈 거야."

1.

"결정했어. 나는 유럽 여행을 갈 거야."

2014년 겨울. 어느 카페에서 선언하듯 말했다. 창밖의 하늘은 드센 겨울바람이 구름을 나르고 있어 맑았다가 흐리기를 반복하고 있었다.

"그럼 나도 가야지!"

준우가 답했다. 한 치의 망설임도 없는 분명한 대답. 예상하긴 했지만 마음속으로 진정 바랐던 그의 반응에 나는 만족스러운 미소를 띠며 "그래"라고 답했다.

* * *

매서운 겨울바람이 불 때면 추위를 잘 타는 그녀와 나는 카페에 앉아 여행 에세이를 꺼내 읽곤 했다. 오늘은 그녀의 표정을 도무지 읽어 낼 수가 없다. '내가 또 뭔가를 잘못한 걸까.' 무심한 척 시선을 책으로 돌렸지만, 글이 눈에 들어오지 않았다. 이윽고 윤영은 낮은 목소리로 나를 불렀다. 저 작은 입은 무슨 말을 담고 있을까.

"결정했어. 나는 유럽 여행을 갈 거야."

가늘게 떨렸지만 확신에 찬 목소리. 갑작스러운 그녀의 선언. 사실 예상했었다. 한동안 여행 책만 읽고 여행 이야기를 자주 꺼내던 그녀였으니까. 순간 돈과 시간을 어떻게 마련해야 할지 고민이 스쳤지만 내 마음이 원하는 대로 하자고 마음먹었다. 윤영의 손을 잡고 함께 가자고 말했다. 그녀는 환한 표정으로 두 팔을 벌려 나를 안아주었다. 그녀의 가슴이 쿵쿵 뛰고 있었다.

　마치 둘 중 누구라도 먼저 그 말을 꺼내주기만을 기다렸던 것처럼, 우리의 여행은 그렇게 시작되었다.

　"누나는 어딜 가고 싶어?"

　"……."

　윤영은 휠체어에 몸을 기대고 천장을 바라보았다. 잠시 고민하던 그녀가 답했다.

　"전부 다."

　확신에 찬 눈빛을 보니 이 여자 진심이다. 물어본 내가 바보다.

　유럽 여행은 참 막연했다. 아무것도 그려져 있지 않은 새하얀 도화지를 바라보는 기분이었다. 혼자 여행할 때는 무작정 돌아다니기보다는 정해진 일정대로 움직이는 여행을 선호했다. 시간 단위로 계획을 세워 어디서 며칠을 머물지, 무엇을 할지, 동선까지 딱딱 정해놓아야 마음이 편했다. 계획대로 되지 않을 때도 잦았지만, 가능하면 여행의 틀을 미리 짰다. 하지만 이번은 달랐다. 누군가와 떠나는 첫 여행이니까. 사랑하는 사람과 함께하는 여행이기에 내 마음대로 그림을 그릴 수 없었다.

　그래서 우린 함께 여행 공부를 시작했다. 가이드북을 보며 관광지를 살피고, 여행 가서 하고 싶은 것의 우선순위를 정하기로 했다. 우리는 순식간에 모범생이 되어 과제를 충실히 수행해나갔다.

　"정말 가보고 싶은 곳이 있어. 바로 여기!"

가이드북을 펼치자 파란 하늘과 극명한 대비를 이루는 하얀 설산 사이로 노란색 열차가 달리고 있었다. 스위스 융프라우였다.

"헛, 나도 그런데!"

산악열차로 융프라우를 오르는 것이 우리의 가장 큰 여행 목표가 되었다. 그리고 윤영이 가고 싶은 런던과 독일을 넣고, 내가 가보고 싶었던 베네치아와 바르셀로나를 추가했다. 하지만 모든 곳을 둘러보기란 불가능했다. 우리는 4개국만 설정할 수 있는 '셀렉트패스'를 사고 싶었는데 유레일패스 자체를 사용할 수 없는 영국을 제외해도 한 개국가가 초과된다. 5개국 이상 갈 수 있는 '글로벌패스'를 끊자니 30만 원이나 더 비싸 은근히 부담이 되었다.

"그럼 독일 빼버려."

윤영이 시원스레 말했다. 마음에 걸리던 모난 돌 하나가 윤영의 대답을 맞고 저 멀리 사라졌다.

우리는 파리와 인터라켄을 잇는 작은 도시 디종, 로마와 바르셀로나를 잇는 니스를 추가했다. 큰 도시를 여행한 뒤에는 작은 도시에 들러 휴식을 취하기로 했다. 이탈리아에서 더 머물고 싶은 마음에 피렌체를 마지막으로 추가하니 셀렉트패스만으로 가능한 루트가 완성되었다. 유레일패스를 받아 지하철로 집에 돌아오는 길에 윤영이 말했다.

"떼제베에서 보는 풍경은 많이 다르겠지?"

그녀의 얼굴엔 이미 설렘이 가득했다.

"사람 사는 데 다 똑같지 뭐."

"흥! 분위기 없어."

괜히 찬물을 끼얹고 토라진 그녀의 표정을 보는 게 왜 이리 재밌는 걸까.

2.

　나는 여행하며 숙소 고민을 한 적이 없다. 그저 이 한 몸 누일 침대 하나, 물 나오는 샤워기, 물 내려가는 변기만 있으면 충분했다. 가장 중요한 것은 숙박 요금. 스마트폰이 없을 땐 조금이라도 더 저렴한 숙소를 찾기 위해 무거운 배낭을 메고 종일 발품을 팔았고, 현지인과 조금 친해지면 빌붙기도 서슴지 않았다.

　우리는 여행하면 많은 선택지 앞에 선다고 생각하지만, 실상은 딱히 그렇지도 않다. 같은 곳을 여행한 사람들에게 그곳에서 뭘 했냐고 물어보면 거기서 거기다. 경험과 주관에 따라 평가가 달라질 뿐. 정작 다른 것은 숙소다. 게다가 윤영과 함께하는 여행에서는 구조, 옵션, 위치 등 숙소가 정말 고민이었다. 윤영은 말했다.

　"휠체어가 들어갈 수 있는 곳이어야 해. 방까지 들어갈 수 없더라도 로비에는 맡겨야 충전도 하고 도난을 막을 수 있을 테니까."

　숙박 예산은 하루 20~30유로 정도로 정했다. 호텔에 묵게 되어도 50~60유로를 넘기지 않기로 했다. 그리고 식비를 아끼기 위해 부엌이 있는 호스텔을 선택했다. 숙소 예약은 머물던 도시를 떠나기 하루이틀 전에 했다. 한곳에서 얼마나 머물게 될지는 알 수 없었다. 그것은 온전히 우리 마음에 달려 있었으니까.

호스텔 예약 사이트에서 가격이 적당한 숙소를 나열한 뒤 입구에 계단이 보이면 가차 없이 제외했다. 낮은 턱이 있는 곳은 숙소에서 제공한 사진과 구글 스트리트 뷰를 이용해 휠체어가 넘을 만한 높이인지 꼼꼼히 살핀 다음에야 부엌과 엘리베이터의 유무를 따져볼 수 있었다. 사진만으로 장애인 편의성을 가늠해야 했기에 몇 시간이고 모니터와 눈싸움을 벌이기도 했다.

하지만 마음에 쏙 드는 숙소를 찾기란 쉽지 않았다. 가격이 저렴하면 관광지에서 너무 멀었고, 입구가 말끔해도 내부 계단이 있거나 엘리베이터가 계단 위에 있는 곳도 허다했다. 빠듯한 예산으로 우리에게 알맞은 숙소를 찾기란 처음부터 불가능한 것이었는지 모른다. 그래서 늘 최선보다는 차선을 택했다. 숙소 구조상 윤영에게 제약이 생긴다면 내가 도와주기로 했다.

예산이 충분하다면 장애인 객실과 편의시설이 완비된 호텔로 갈 수 있겠지만, 우리는 길에서 잠들지 않는 것에 감사해야 할 가난한 배낭여행객이었다. 덕분인지 여행 중에도 생활감 넘치는 일상을 만끽할 수 있었다. 해가 뉘엿뉘엿 도시를 물들이면 "오늘 저녁은 뭐 해 먹지?"라는 말로 대화를 시작했다. 현지에서 나는 신선한 식재료와 과일, 맥주나 와인을 사 들고 돌아와 요리하고 맛보는 소소한 즐거움을 우리는 깨달아갔다. 때로는 과일과 샌드위치로 도시락을 싸서 공원으로 향했고, 고기를 사서 구워 먹으며 한국보다 저렴한 스테이크로 기분을 내기도 했다. 절약한 돈으로는 가끔 근사한 레스토랑을 갔다.

3.

준우는 아주 조심스럽게 수동 휠체어를 제안했다. 나도 어릴 적엔 수동 휠체어를 탔었다. 몸도 시선도 남이 이끌어주는 대로였다. 가끔 온 가던 길을 멈춰 오래오래 눈에 담고 싶은 풍경도 있었지만 서로의 시선이 달라서일까, 쉽지 않았다. 뜻대로 움직이지 못할 때는 보고 싶은 곳도, 어딘가로 향하고 싶은 마음도 자연스레 비워냈다. 사람마다 자신에게 맞는 신발이 다르듯 수동 휠체어가 꼭 맞는 장애 유형도 있음은 물론이다.

그러나 나에게 전동 휠체어는 첫 외출, 첫 여행은 물론이고 고향을 떠나 서울에서 홀로 자립할 수 있게 했으며, 해외 연수의 꿈을 실현해주었다. 이동 수단이라는 단순한 의미를 넘어 존엄의 상징이었으며, 내게 자신감과 생명력을 불어넣는 존재였지만 배낭여행에는 적합하지 않았다. 만약 여행 중 100kg이 넘는 전동 휠체어가 멈춰버린다면? 아찔하다. 그대로 여행의 마침표를 찍어야 할지도 모른다. 전동 휠체어는 편리하지만 언제 터질지 모를 조용한 시한폭탄과 같았다.

그러나 단 하루를 여행해도 내가 원하는 대로 움직이고, 내가 가고픈 길을 가고 싶었다. 나는 준우에게 "수동 휠체어를 탈 거면 안 갈래"라고 단호히 거절했다. 여간 깐깐한 여자 친구가 아닐 수 없다. 대신 점검을 꼼꼼히 하는 것으로 불안함을 달랬다.

닳은 타이어는 펑크가 나기 쉬우니 새것으로 교체했다. 여행 중 펑크가 염려되면 통고무 타이어로 교체할 수도 있지만, 승차감이 나빠

쉬이 피로가 느껴지는 데다 비가 오면 타이어 마찰계수가 낮아져 내리막에서 미끄러질 위험이 있었다. 그래서 회색 타이어보다 조금 더 질긴 검은색 에어 타이어로 바꾸는 것으로 대신했다. 공기압을 점검하고, 사용 시간이 짧아진 배터리를 교체했다. 풀린 나사는 없는지, 베어링이 망가지지는 않았는지도 꼼꼼하게 살폈다.

휠체어 점검을 받고 나서는 비행기 탈 준비를 했다. 비행기를 타기 전 가장 중요한 것은 휠체어의 배터리 유형을 확인하는 일이다. 니켈 배터리는 건식과 습식으로 분류되는데, 습식 배터리를 사용하는 전동 휠체어는 탑승이 제한되거나 배터리를 분리한 뒤 탑승해야 한다. 건식 배터리를 사용하는 휠체어라면 폭발의 위험성이 없으므로 분리하지 않아도 화물 수송이 가능하지만, 확실히 증명하지 못하면 항공사에서는 이 문제를 지칠 때까지 확인할 것이다.

사실 사용자 입장에서는 배터리 분리를 하지 않는 편이 더 안전하다. 전·수동 휠체어는 배터리 분리가 쉬운 편이나 국내에서 흔히 사용하는 전동 휠체어는 무겁고 분리가 어려워, 착륙 후 배터리를 제대로 연결하지 못하면 휠체어 고장의 원인이 되기 때문이다. 그래서 승무원과 휠체어 사용자 간의 실랑이가 종종 일어나기도 하는데, 이 같은 수고로움을 피하려면 제조사에게 미리 확인을 받아두는 게 좋다. 여행 전에 사용 중인 배터리 사진을 찍어두는 것도 방법이다.

✻ 숙소 찾기

장애인 편의시설 체크 박스 찾기

숙소 예약 사이트에 '장애인 편의시설' 항목이 있는지 꼭 확인하자.
www.booking.com의 경우 시설 부분에 장애인 편의 항목이 있다.

숙소 내부 사진 꼼꼼히 살피기

시설 항목에 엘리베이터 등이 포함되어 있어도 실제로는 장애인을 위한 편의시설이
아닌 경우가 많다. 휠체어가 들어갈 수 있을지, 또 다른 계단은 없는지 내부 사진을
꼼꼼히 확인하고 예약하자.

구글 스트리트 뷰 100% 활용하기

마음에 드는 숙소를 골랐다면 구글에서 제공하는 스트리트 뷰를 통해 숙소 입구에
계단이나 턱은 없는지, 주변의 길은 접근성이 괜찮은지 확인하자.

직접 조리하기

직접 조리하면 식비를 절감할 수 있다. 파스타, 소스, 과일 등을 사면 5~10유로 내외
로 3~4번의 식사를 할 수 있다. 아시안 마켓은 생각보다 많으니 사 먹는 음식이 부담
될 때 익숙한 재료로 요리하는 것도 방법이다.

Happy Hour

유럽의 레스토랑은 Happy Hour를 운영하는 곳이 많다. 레스토랑에서 정한 시간에
특정 메뉴를 30~50% 할인해준다. 모든 곳에 Happy Hour가 있는 것은 아니나, 잘
이용하면 식비를 줄일 수 있다.

주변 계단 정보를 알려주는 애플리케이션 CityMaps2Go

여행지에서 계단을 만나면 매우 당혹스럽다. 초행길인 데다 우회로 선택이 어렵기 때
문. 이 앱은 계단을 빨간 점선으로 표시해 경로를 미리 계획할 수 있다.

+ 위치 기반 시스템(GPS)은 '구글 맵'이 정확한 편이라 함께 사용하는 것이 좋다.
+ 오프라인에서도 사용할 수 있으나 각 도시의 지도는 와이파이가 되는 곳에서
  미리 다운 받아놓아야 한다.

✻ 휠체어 데려가기

여행 전 휠체어 점검은 필수!

자신이 사는 지역 주민센터에서 '장애인 보장구 수리비 지원'을 신청해보자.

휠체어의 주요 고장 원인은 펑크

전동 휠체어 수리에는 꽤 많은 힘과 요령이 필요하다. 해외에서 부품을 찾으려면 한국보다 더 많은 시간을 기다려야 할지도 모른다. 간단한 부품을 미리 챙겨 가 고쳐줄 수 있는 현지인을 섭외하는 편이 더 빠르다. 휠체어의 주요 고장은 펑크이니 자전거 가게에서 파는 스티커(바람 새는 것을 임시방편으로 막아준다)나 스페어타이어를 챙겨 가자. 여행 전 수리를 받으며 분해 과정을 찍어두는 것도 방법.

겸용 충전기 vs 변압기

해외여행 시 가장 염려되는 것이 전동 휠체어 충전이다. 방문할 나라의 전압을 확인하고 콘센트 모양도 확인해야 한다. 콘센트 모양이 다른 것은 해외여행용 멀티 어댑터 하나면 해결되지만, 전압 문제는 조금 복잡하다. 변압기를 챙기는 것은 추천하지 않는다. 무거운 무게도 문제지만 충전기와 변압기 간 폭발사고 위험도 높고, 충분한 전력으로 완전히 충전되기 힘들다. 자신의 충전기가 110·240V 겸용인지 확인하고 변압기보다는 겸용 충전기를 준비하는 편이 좋다.

보장구와 함께 비행기 타기

모든 승객의 안전을 위한 일이니만큼 항공사의 확인 절차는 까다롭다. 항공사에서 원하는 내용을 당신이 미리 전달해도 탑승 당일 카운터 직원들은 아주 생경한 표정을 지을 것이다. 다소 예민하고 반복적인 질문에도 의기소침하지 말고 꼼꼼히 준비하여 당당히 탑승하자. 기억하라! 당신은 다른 승객과 마찬가지로 기내에 오를 수 있으며 틀림없이 떠날 수 있다.

+ 티켓 구매 후 항공사와 연락하기
항공사 페이지 혹은 전화로 보장구 형태를 알려주고 자신의 장애에 맞는 탑승 서비스(기내 휠체어 사용 여부, 부축 등)를 신청하자.

+ 전동 휠체어 싣기

화물칸에 싣기 위해 휠체어 무게, 각 변의 치수(높이는 등받이를 편 상태와 접은 상태를 모두 잰다), 배터리 유형을 알려야 한다. 배터리는 습식 배터리와 건식 배터리가 있다. 보통 탑승 제한을 받는 쪽은 습식 배터리다. 비행 중 배터리 액이 흘러넘치거나 폭발할 위험이 있기 때문이다. 자신이 사용하고 있는 배터리를 미리 확인해두어야 한다.

우리나라에서 휠체어나 스쿠터에 흔히 사용되고 있는 건식 배터리는 'MK Gel Battery'로 안전한 제품이다. 이처럼 미연방항공청(FAA)이나 국제항공운송협회 등에서 적합 판정을 받은 제품이라면 기기와 배터리를 분리할 필요도 없으며, 별 문제없이 탑승할 수 있다.

공항을 빠져나오기 전에 휠체어에 결함이 있는지 확인하자. 휠체어는 여러 수화물과 함께 화물칸으로 옮겨지는데 이 과정에서 파손이나 고장이 발생할 수 있다. 입국 절차로 바쁘더라도 꼼꼼히 확인해야 한다.

MK Gel Battery는 인증서와 제품 표면에 항공 운송이 가능하다는 문구도 적혀 있다. 자신의 휠체어 배터리 케이스를 열어 사진을 찍어두는 것도 방법.

+ 호흡 보조 장비 및 의료용 침대 사용

기내에 있는 의료용 산소를 사용할 것인지, 본인 소유의 산소 또는 호흡기를 사용할 것인지 선택할 수 있다. 각 항공사마다 조금씩 규정이 다르나 보통은 홈페이지에서 신청서를 내려받아 신청할 수 있다. 기내에 있는 의료용 산소는 사용료를 내야 한다. 본인 소유의 장비를 들고 탈 경우에는 미연방항공청(FAA)이 허가한 제품인지 확인한 뒤 항공 운송을 위한 의사 소견서와 개인정보 동의서를 제출하면 된다. 본인 소유의 장비는 고가의 기기이니 기내에 가지고 탑승하는 것을 추천하나 항공사마다 규정이 다를 수 있으므로 미리 확인하자. 의료용 침대 사용 등 기타 보장구에 관한 내용도 각 항공사 홈페이지에서 확인할 수 있다.

영문 장애인 증명서 발급

꼭 필요한 것은 아니지만 장애 유형에 따라 입국 심사 혹은 각종 할인을 받기 위해 증명서가 필요한 경우가 있다. 주민센터 혹은 구청에서 발급받을 수 있다.

짐 꾸리기

+ 그룹 짓고 라벨링하기

약, 위생용품, 세면도구와 같이 구분 지을 수 있는 것들은 각각 다른 주머니에 넣고 라벨링을 하자. 낯선 곳에 도착하면 경황이 없어 종종 소지품을 찾아 가방을 헤집게 되는데 라벨링을 해두면 찾기가 쉬워지고, 동행인에게 꺼내달라는 부탁이 필요할 때도 수월하다.

+ 속가방을 사용하자

전동 휠체어에 붙어 있는 기본 가방을 사용하는 경우 보안 검색대에서 내 소지품들이 낱낱이 공개될 우려가 있다. 얇은 속가방에 짐들을 담아 휠체어 가방에 넣어두면 그 가방만 빼내 검색대로 넘길 수 있다.

+ 전동 휠체어는 나의 믿음직한 짐꾼

캐리어를 끌고 가지 못하는 경우 전동 휠체어의 장점을 최대한 이용하자. 나는 휠체어에 붙어 있는 기본 가방에 충전기와 휠체어 드라이버 등 무게 있는 것들을 담고, 가벼운 순으로 총 3개 가방을 엮어 걸었다.

+ 귀중품 관리

휠체어는 가장 믿음직한 짐꾼이면서 동시에 가장 위험한 표적이 될 수 있다. 귀중품은 휠체어 뒤 가방에 절대 넣지 않는다. 나는 당장 쓸 돈만 크로스백에 넣고, 나머지는 내 몸과 절대 떨어질 리 없는 에어 방석 커버 속에 넣었다. 휠체어를 이용해 자신만의 기발한 방법을 고안하자.

chapter 1

영국

"매너가 사람을 만든다."

영화 〈킹스맨〉의 대사다. 이 한마디가 극장에서 울려 퍼질 때 사람들은 콜린 퍼스의 매력에 너도나도 취했다. 영화지만 정말 멋있다고 생각했다. 신사의 나라, 영국인들은 다 저런 모습일까? 기대감은 더욱 커져만 갔다. 실제로 이곳에 오니 지팡이를 짚는 영국 신사도 엄마 손을 잡은 천진난만한 어린아이도 100kg이 넘는 전동 휠체어에 올라탄 자그마한 동양 여자에게 눈길 한번 주지 않는다. 얼마나 꿈꾸던 풍경인가.

런던
매너에 흠뻑 취하다

비행기가 착륙하고 승객이 모두 내리자 기내용 수동 휠체어가 들어왔다. 말이 수동 휠체어지 좁은 기내를 이동할 수 있게 만들어진 바퀴 달린 간이 의자였다. 가냘픈 내 몸에 딱 맞았지만 거대한 서양인들이 타는 것이 걱정스러울 만큼 빈약해 보였다. 비행기에서 내리자 이번엔 카트로 옮겨 타란다. 이동이 어려운 승객들을 태우는 6인용 카트가 눈앞에 보였다. 입국 절차까지 카트에 앉은 채 밟는 건 과잉보호가 아닐까 싶을 정도였지만 공항은 예상보다 넓었고, 내 전동 휠체어는 지금 어디에 있을지 상상조차 되지 않았다.

카트의 속도는 점점 빨라졌다. 내가 불안해하자 운전기사는 검은색 선글라스를 번쩍이며 자신의 12년 무사고 경력을 자랑했다. 한 손에는 핸들을 쥐고 다른 한 손으로는 엘리베이터 버튼을 누르며 엘리베이터를 몇 번이나 바꿔 타는 것이 과연 능숙한 운전 솜씨였다. 그러나 다른 여행객들의 옆구리를 차로 금방이라도 들이받을 듯이 곡예 운전

27

할 때엔 아까 내 안전띠를 몇 번이고 확인한 이유가 다 이것 때문이었나 싶어 마른침이 꼴깍 넘어갔다. 얼마나 달렸을까. 각국에서 온 짐이 뱅글뱅글 돌고 있는 컨베이어에 도착했다. 그 옆에 믿음직스럽게 서 있는 나의 애마, 전동 휠체어가 보였다. 나는 안도의… 아니, 반가운 마음에 환호했다!

믿어져? 우리가 런던에 왔다니!

부모님께는 걱정하지 말라며 호기롭게 여행을 알렸지만 떠나기 전 며칠은 잠을 이루지 못했다. 설레기도 했고 두렵기도 했다. 미지의 세계를 빨리 탐험하고 싶은 마음은 벌써 비행기에 올라서 배를 긴질렀다. 하지만 '휠체어가 고장이 나면 어쩌지, 탈 수 있는 대중교통이 없으면 어쩌지, 숙소에 휠체어가 들어가지 못하면 어쩌지, 경사로와 엘리베이터가 없으면 어쩌지, 화장실을 못 가면 어쩌지' 같은, 남들은 생각해 본 적도 생각할 필요도 없을 문제로 언제 어디서 어떻게 난감함에 빠질지 두렵기도 했다. 오롯이 전동 휠체어에 몸을 맡긴 채 겪는 무력감은 화성의 모래 폭풍처럼 강력해 언제든 여행 의지를 송두리째 꺾을 것만 같았다.

그런 내가 영국에 발을 디뎠다. 산은 찾아볼 수도 없이 사방이 평지에 뾰족한 지붕만이 겹겹이 쌓여 있었다. 당장에라도 산타클로스가 뛰어들 것 같은 커다란 굴뚝들, 늦가을의 울긋불긋한 낙엽이 나부끼는 런던 거리. 눈길을 옮길 때마다 이국적인 풍경의 낯섦이 뇌 한쪽 구석에 강력히 박혔다. 그제야 유럽 여행이 시작된 것이, 꿈이 아니라는 것이 실감 났다.

여행을 떠나기 전에는 단 하루라도 나를 불편하게 만드는 사람들에
게서 벗어나고 싶었다. 엘리베이터에 타면 집은 어딘지, 몇 살인지, 남
자 친구는 있는지, 휠체어는 얼마인지 호기심과 친근함이라는 가면을
쓰고 반말을 쏟아냈다. 지하철에 오르면 아무리 바짝 붙어도 "왜 여기
에 휠체어를 대놓고 난리야"라는 무뢰한의 공격으로 무참해지던 때가
언제였는지 아득해진다. '내가 영국에 있다니!' 가슴이 터질 듯 두근거
렸다.

우리는 숙소에서 한 정거장 전인 엘리베이터가 있는 램바스 역에 내
려 20여 분을 걸었다. 빨간 런던 버스와 자전거들이 한차례 지나가면
거리는 금세 한가로워졌고, 나무 그늘 아래에서 맥도널드 햄버거와 기

네스 맥주를 즐기는 사람들도 보였다. 나는 이곳에 얼마나 마음을 빼앗겼는지 아무렇게나 놓인 돌맹이 하나조차 마음에 들었다. 이런 곳에서라면 어떤 난감함이라도 즐겁게 헤쳐나갈 수 있을 것 같다!

값싼 호스텔과 정면으로 마주하다

영국에 대한 열렬한 내 마음이 거짓이 아니라는 것을 증명하는 데는 그리 긴 시간이 걸리지 않았다. 출국 하루 전 부랴부랴 예약한 숙소는 주요 관광지와 인접한 값싼 호스텔이었는데, 입구에는 30cm 정도 높이의 턱이 하나 있었다. 애초에 장애인 객실 따위는 존재할 생각이 없어 보이는 외관이었다. 하지만 상관없었다. 이미 우린 이곳에서 머물기로 마음먹었으니까. 우리는 이 턱이 여행의 간절함과 열정을 시험받는 첫 관문처럼 느껴져 꽤 필사적인 상태였다. 준우가 휠체어의 뒷부분을 끌어당겨 앞바퀴를 올려주면 나는 전동 휠체어의 속도를 최고로 높여 힘을 보탰다. 그사이 준우가 휠체어를 한 번 더 밀자 거뜬히 턱 위로 올랐다. 우리는 말하지 않아도 적절한 타이밍에 끌어당기거나 속도를 높일 줄 알았다. 호흡이 척척 맞았다. 역시 우리가 만난 세월은 괜한 것이 아니었다. 나쁘지 않은 출발이다.

여행 처음부터 끝까지 우리가 가장 염려한 것은 휠체어 도난이었다. 일단 휠체어만 실내에 들여놓을 수 있다면 목발을 사용할 작정이었다. 사실 그것은 대단히 위험한 결정이었다. 바닥에 약간의 물기라도 있다면 목발이 미끌하며 내 손을 떠날 것이다. 게다가 나는 누군가와 살짝 부딪치기만 해도 나뭇잎처럼 나풀거릴 게 뻔했다. 일단 넘어지면 끝장이다. 뼈가 약해 어디든 쉽게 골절되는 장애였으니까. 그러나 우리는 배낭여행객이고 여행비를 최대한 아껴야 했다. 직원의 안내를 받아 객실로 들어가자 대여섯 개의 3층 침대들로 빼곡했는데 직원은 그중 입구에서 가장 가까운 1층 침대를 보여줬다. 그 자리에는 이미 짐을 풀고 있던 여행객이 있었다. 휠체어를 타고 있는 나를 발견하자 말하지 않아도 알겠다는 듯 가벼운 미소와 함께 흔쾌히 자신의 침대를 양보해주었다. 얼마나 고맙던지!

샤워실과 화장실은 휠체어로는 접근이 힘들었다. 기대하지 않았기에 실망하지도 않았다. 다만 목발을 짚겠다는 계획은 철회해야 했다. 세면대도 싱크대도 휠체어에 오르지 않으면 너무 높아서 의미가 없었고, 나보다 몇 배가 더 큰지 가늠도 안 되는 서양인들 사이에 서니 애초에 콩알만 했던 심장이 이제는 사라질 듯했다. 조금 전까지 결의에 찼던 것이 머쓱해져 목발을 슬며시 치워두고 움직임을 최소화했다.

이곳에서 일주일을 보내기 위해 포기할 것이 또 한 가지 있었다. 바로 따뜻한 물이었다. 아침저녁으로는 제법 서늘한 바람이 불었고 온종일 런던 시내에서 진탕 놀다 오면 저녁엔 따뜻한 물로 피곤을 말끔히 씻어내고 싶었는데 따뜻한 물이 나오지 않았다. 값싼 호스텔은 이럴 수도 있구나 싶어 참았지만, 여독이 쌓일수록 찬물을 견디기가 더 고통스러웠다. 준우가 부엌에서 따뜻한 물을 조금 가져다주면 간단히 헹구는 정도로 샤워를 대신했다. 우리가 이렇게 비루한 생활을 하고 있을 때 아침만 되면 여유로운 모습으로 샤워를 마치고 나와 보송보송한 사람들을 보면 경이로웠다. 저들은 어떻게 추위를 타지 않는 것일까. 그 비밀은 사흘째 되는 날 풀렸다. 먼저 샤워를 마친 준우가 신이 나서 뛰어 들어왔다.

"누나! 레버를 180도까지 돌리면 따뜻한 물이 나오는 거였어!"

맙소사! 그 사실을 우린 왜 이제야 알았지. 결국, 영국을 떠날 때쯤 우리 둘은 감기에 걸렸다.

그대여~ 아무 걱정하지 말아요~

그날 아침도 콧노래를 부르며 런던 버스를 탔다. 언제나처럼 비워진 휠체어 지정석에 자리를 잡고 준우를 기다리고 있는데 분위기가 어째 심상찮다. 30년간 예민한 눈치로 살아온 경험으로 볼 때 이것은 분명 나의 문제다. 아닌 게 아니라 버스 안의 승객들이 모두 나를 바라보고 있는 것 아닌가. 버스 기사가 나에게 어떤 주문을 한 모양인데 제대로 알아듣지 못했다. 목적지가 어디냐 정도를 묻던 이전의 기사들과 달랐다. 그간 쌓은 눈치는 다 어디로 갔는지 아무것도 들리지 않았다. 내가 주춤주춤하는 사이 바깥에는 승객들이 긴 줄을 서고 있었다. 휠체어 사용자가 자리를 잡을 때까지 출입문을 닫아버린 철두철미한 기사님이었다. 몸에 식은땀이 흘렀다. 몇 초가 몇 시간 같았다. 이 모든 상황의 원인이 내게 있다니 맙소사, 정신이 쏙 빠졌다.

다행히 뒷자리에 앉았던 흑인 아주머니가 나서서 천천히 설명해주었다. 버스 기사는 내가 휠체어에서 떨어지지 않도록 버스 주행 역방향으로 휠체어를 대줄 것을 주문했단다. 시트 벨트가 없는 런던 버스는 등을 돌려 앉는 것이 안전한 모양이었다.

겨우 자리를 잡고 난 뒤 죄지은 사람처럼 주변 눈치를 살피기 시작했는데 놀라운 일이 벌어졌다. 누군가 혀를 차고 핀잔을 내뱉을까 잔뜩 긴장했건만 흔한 미국 영화의 마지막 장면처럼 할아버지도 아주머니도 아저씨도, 나와 눈이 마주치는 사람 모두가 엄지를 올리며 "Sweety" "Good" "Lovely"라는 찬사를 보내왔다. 분명 그들도 지체되는 시간이 달갑지만은 않았을 것이다. 그러나 너는 해냈고, 의기소침할 필요 없다며 격려해주는 것이었다. 미안하고 고마운 마음에 가벼운 목례를 했다. 그동안 한국에서 대중교통을 이용할 때마다 받아왔던 모든 비난이 스쳐 지나가 눈물이 날 뻔했다.

그런가 하면 "뒤에 오는 버스를 타겠어요"라며 버스를 애써 보내려고 한 적도 있다. 버스 승강장에 앉아 저 멀리 오는 버스 기사님과 눈인사를 하면 승객이 하차한 뒤 뒷문에서 '삐~이융~ 삐이융~' 요란한 경보음과 함께 경사로가 펼쳐졌다. 그런데 어쩐 일인지 그 버스는 경사로가 펼쳐지지 않았다. 버스 안에는 이미 적지 않은 승객이 타고 있었다. 기사님은 시동을 다시 켜보기도 하고 심지어 버스에서 내려 외관을 살펴보며 태평한 모습이다. 행여 승객들에게 피해가 갈까 도리어 조바심이 난 우리가 "제발 먼저 가세요"라며 애원할 정도였다.

몇 번의 시도 끝에 경사로가 정상적으로 작동했고 기사님은 결국 나를 태웠다. 불안한 우리 마음과는 달리 처음부터 끝까지 기사님의 태도는 여유로웠고 승객들은 어떠한 동요도 없이 평화로웠다. 처음엔 저들은 무엇을 먹고 살기에 저렇게 여유로울 수 있는지 불가사의했다. 하지만 지금 생각해보면 우리는 그저 버스를 기다린 승객이었고 그는 승객을 버스에 태우는 일을 한 것이다. "땡큐~"를 외치자 엄지손가락을 세워 보이며 미소 지을 뿐이었다.

화장하지 않아도

나는 늘 아침이면 화장대 앞에서 전쟁을 치렀다. 문밖을 나서면 하루에도 수십 수백 명이 날 쳐다보는데 지고 싶지 않은 혼자만의 경쟁심에서였다. 예뻐 보이고 싶었고, 그들의 편견대로 날 평가하도록 내버려두고 싶지 않은 반항심도 있었다. 그러던 내가 영국에서는 화장에서 깔끔히 손을 떼었다. 영국에서 하루 이틀을 보내자 화장을 하지 않아 초췌하더라도, 집히는 대로 주워 입고 나가도, 심지어 내가 휠체어를 타도 쳐다보는 이가 없다는 것을 깨달았다. 내 모습이 있는 그대로 받아들여지는 느낌. 더없이 자유롭고 홀가분해졌다. 화장하지 않아도 자신감이 차올랐다. 이런 존중, 다시 받을 수 있을까?

명소를 나누는 기준

내가 명소를 나누는 기준은 단순하다. 유명세보다는 그곳에서 관광객의 엉덩이를 얼마나 덜 보았느냐가 더 중요하다. 인증 사진을 찍는데 열중인 인파를 휠체어를 탄 채 비집고 나오는 것은 정말 진이 빠지는 일이다.

그래서 켄싱턴 궁이 좋았다. 영국 왕실의 찬란한 명예와 여행자들의 사랑을 이제는 버킹엄 궁에 물려주고 유유자적하는 황혼의 모습 같았다. 물론 고고한 품격과 기품만은 그대로 간직한 채 말이다. 관람객 등 뒤에서 하염없이 기다리거나 그들이 언제 뒷걸음질 칠지 불안해하지 않고 마음 편하게 구경할 수 있었다. 엘리베이터가 있고, 기념품 가게와 카페테리아를 잇는 곳에는 리프트가 설치되어 있어 궁 구석구석을 둘러볼 수 있다. 장애인 화장실에는 왕관을 쓴 휠체어 픽토그램이 걸려 있다. 아마도 세상에서 가장 기품 있는 배려가 아닐까. 마침 궁 밖에는 토독토독 비가 내리고 있다. 역시 비가 잦은 영국이다. 우리는 카페테리아에서 홍차와 따뜻한 스콘을 앞에 두고 늦가을에도 푸르게 물든 정원을 여유롭게 바라봤다.

뜻밖의 런던아이

우리는 여행을 떠나기 전 런던아이를 탈 수 있을 것인가 없을 것인가를 두고 토론한 적이 있다. "줄 서는 사람이 많을 테니 아침 일찍 가야 할 것이다"로 시작된 고민은 "휠체어는 실을 수 없을 테니 매표소에 맡겨두거나 자물쇠를 채워놓고 타야 하나? 에잇, 그냥 타지 말자"

로 끝을 맺곤 했다. 장애 혹은 전동 휠체어를 이유로 놀이기구를 타지 못하거나 입장 자체를 포기하는 일은 나에겐 너무나 자연스러운 일상이었기 때문일까. 지금이야 얼마나 쓸데없는 고민을 했었나 싶지만 그때는 진지했다.

하지만 무작정 런던아이에 가보니 줄을 서지 않고도 입장할 수 있었다. 그리고 "장애인의 탑승을 위해 운행을 잠시 정지합니다"라는 방송과 함께 경사로가 나타났다. 런던아이의 내부는 전동 휠체어가 서너 대는 거뜬히 탈 만큼 무척 넓었다. 사방에 뚫린 창문으로 런던 시내가 손가락으로 잡힐 듯 아스라이 작아졌다 다시 커졌다. 런던아이를 탈 수 있다는 사실이 뜻밖에 얻은 행운 같아 너무나 기뻤다. 신이나서 내려오고 싶지 않았다.

영국을 생각하면 가장 먼저 포토벨로 마켓의 길바닥에 앉아 빠에야를 먹던 내 모습이 떠오른다. 한국에선 눈치가 보여서 할 수 없는 행동이지만, 이곳에선 길거리에 앉아 밥을 먹거나 책을 읽고 담배를 피우며 수다를 떠는 모습들이 자연스럽다. 다른 사람이 나를 어떻게 볼까 생각하지 않고 보낸 자유로운 시간이었다. 전에는 느껴보지 못한 시선으로부터의 자유가 낯설었지만, 너무나 행복했다. 편안한 마음으로 여행을 즐길 수 있었다. 걷고 싶은 길, 가고 싶은 곳을 찾아다녔고 더 많이 웃고 떠들며 즐길 수 있었다. 우리에게 런던은 처음 느끼는 자유였다.

페니? 펜스?

숙소 근처 과일 가게 앞. 탱글탱글한 오렌지들을 앞에 두고 우리가 가진 동전으로 몇 개나 살 수 있을지 고민하고 있었다. 윤영은 자신이 가진 동전을 한 움큼 꺼내 얼마인지 세었다. 비슷비슷하게 생긴 동전들을 두고 한참을 씨름하더니 이윽고.

"3파운드 45원이야! 어휴 힘들었어."

나는 '원'이라는 말에 웃음이 터졌다.

"원이라고?"

"어? 그럼 뭐지? 아 맞다! 페니. 45페니야!"

"45면 복수형이잖아?"

"아! 그럼 45페니… 스?"

"뭐라고?"

"페니스 아니야? 어머, 내가 방금 뭐라고 한 거야?"

우린 거리에 서서 한참을 웃었다. 나는 너무 웃겨서, 윤영은 민망해서. 얼굴은 오렌지 옆에 있던 사과처럼 빨갛게 달아올랐다. 너무 웃어서 다리가 풀렸고 눈물이 맺혔다. 광대가 터질 것 같아 숨 쉬기도 힘들었다.

이후로 동전을 셀 때는 자연스럽게 신중해졌지만 영화 〈킹스맨〉 촬영장으로 유명한 '블랙 프린스 펍'에 갔을 때, 이번에는 내가 맥주 없이도 얼굴이 붉어지는 경험을 했다. 4파운드 20펜스짜리 기네스 한 잔을 계산하던 와중에 나도 모르게 이렇게 말한 것.

"여기 4파운드랑 20페… 어… 페니스."

윤영은 깔깔대며 놀려대고 주인장 얼굴을 똑바로 볼 수가 없다. 아, 쥐구멍이 어디 없을까!

친절에 관하여

어릴 적, 한류라는 것이 붐을 일으키기 시작할 무렵이었다. 우리나라를 해외에서 어떻게 생각하는지가 자주 방송됐고, 한국을 방문한 외국인들에게 한국의 이미지를 묻는 장면을 심심찮게 볼 수 있었다. "어디가 좋았나요?" "어떤 음식이 맛있었나요?" "무엇이 제일 마음에 들었나요?" 매번 똑같은 것을 물어보곤 했다. 가장 자주 등장하는 외국인들의 대답은 '친절함'이었다. 한국인이 너무나 친절해서 또 방문하고 싶다는 말과 함께 엄지손가락을 척! 올리는 것은 빠지지 않고 등장하는 장면이었다.

조금 나이가 들고 생각해보니 그들이 경험했다는 친절함에 의문이 생겼다. 정말 한국인은 친절할까? 양보와 배려가 그렇게 충만한 사회일까? 솔직히 잘 모르겠다.

이런 생각을 하게 된 이유는 장애인 활동보조인으로 일할 때의 경험 탓이다. 휠체어 사용자 혹은 지적 장애인과 함께 길을 나서면, 대중교통을 이용할 때부터 식당에서 식사하는 순간까지 친절함은 언제나 부족했다.

비록 이건 내 주관적인 판단일 뿐이지만, 언젠가부터 나는 사람들의 친절을 바라지 않게 되었다. 오히려 협조를 구하는 편이 익숙했다. "여기 휠체어 좀 지나가겠습니다. 조금만 비켜주세요" "잠시만요. 지나가겠습니다. 감사합니다"라는 말을 참 많이 한 것 같다.

런던 첫날. 런던타워를 나와 타워브리지를 향해 가는 길이었다. 윤영은 갑자기 휠체어를 멈추더니 한쪽 골목으로 방향을 바꾸었다. 좁고 어두운 골목이었다. 골목이 끝나는 곳에서 강렬한 햇빛이 비치더니 생각지도 못한 정경이 나타났다. 배가 정박해 있는 항구였다. 강변에는 카페가 줄지어 있고, 햇빛에 반짝이는 물결이 평화로웠다.

그 광경에 잠시 넋을 놓고 구경을 하다가 다시 반대편 경사로로 향했다. 길은 한 사람이 서면 지나갈 수 없을 정도로 좁아 휠체어 한 대가 겨우 지나갈 수 있었다. 때마침 반대편에서 사람들이 걸어왔다. 세 명이었는데, 우리는 경사로에서 한 걸음 물러나 그들이 지나가기를 기다렸다. 그들은 심각한 표정으로, 나누던 대화마저 중단한 채 우리에게 연달아 말했다.

"Thank you."

"Thank you."

"Thank you."

그들이 먼저 왔으니 기다렸던 것뿐인데 왜 우리에게 고마워할까? 단지 일상적인 인사 매너라는 것을 아는데도 멍한 기분이 들었다. 윤영은 세 사람이 동시에 자신에게 인사를, 그것도 감사를 표한 것이 너무나 놀랍고 감동적이라고까지 했다.

윤영은 한국에서는 사람들이 지하철을 탈 때도, 길을 갈 때도 자기를 보면 이런 '것'이 왜 여기에 있냐며 불편해하는 것만 같다고 말하곤 했다. 그래서 지금 런던의 한 골목에서 '길을 막고 있는 휠체어 탄 장애인'이 아니라 그저 평범한 한 사람으로 여겨진 것에 감동하고 있는 것 같다. 윤영의 기분을 알 것도 같다. 나 역시 장애인 활동보조를 하며 "잠시만요" "감사합니다" "죄송합니다"는 주야장천 외쳤어도 "감사합니다"를 들은 기억은 좀처럼 없기 때문이다.

한국에서는 버스보다 지하철이 편리한데 이곳은 반대였다. 가장 먼저 근대화된 나라의 명성에 걸맞게 1863년 세계 최초로 지하철이 생긴 곳도 영국이란다. 우리나라보다 110년 더 앞선 것이다. 하지만 그 역사만큼이나 오래된 역에는 엘리베이터나 스크린도어 설치가 힘든 것인지 편의시설을 찾기가 어려웠다.

여행 첫날 아무런 정보 없이 영국 지하철인 언더그라운드를 탔다. 공항에서 숙소 근처 역까지 가기로 했는데, 우리나라나 일본 지하철을 상상하며 올랐던 나는 적잖이 당황했다. 좁았다. 그리고 무시무시하게 붐볐다. 우리나라 지하철은 전동 휠체어 두 대가 타도 여유 공간이 있는데 언더그라운드는 내 휠체어 한 대만으로도 차내가 가득 찰 만큼 협소했다. 퇴근 시간이 되자 좁은 차내로 사람들이 더 몰려들었다. 발 디딜 틈 없는 공간에서 중심을 잃는 사람에게는 언제라도 "어서 오세요" 하고 무릎을 내주어야 할 판이었다.

게다가 승강장과 전동차 사이 간격은 왜 이렇게 넓은지. 노선도에 휠체어 표시가 있는 역은 승강장과 전동차 사이가 완만한 편이었지만 대부분의 역은 문이 열릴 때마다 계단 한 칸이 생겼다가 반대로 절벽이 생겼다가 했다. 승강장과 열차 사이가 넓으면 전동 휠체어의 앞바퀴가 빠진다. 차가 출발하기 전에 빼내야 하는데 전동 휠체어가 무거워 쉽지 않다. 승강장이 전동차보다 높으면 턱이 생겨 내릴 수 없고, 승강장이 전동차보다 낮으면 내릴 때 뼈가 부러질 것 같은 충격이 온

몸에 전해온다. 어떤 상황이든 맞닥뜨리고 싶지 않았다.

목적지가 다가올수록 가슴이 두근거렸다. 설레어서가 아니라 문이 열릴 때 펼쳐질 상황이, 우리나라 2호선보다 붐비는 인파를 헤치고 내릴 일이 두려웠다. 언더그라운드를 타는 일은 그날이 처음이자 마지막이 되었다.

테이트모던 미술관에서 돌아오는 길. 멀지 않은 곳에 버스 정류장이 있었다. 분명 지도에 그렇게 표시되어 있었는데 한참을 가도 보이지 않았다. 주변 사람들도 근방의 버스 정류장을 모른다고 했다. 얼마나 헤맸을까, 우리는 버스 정류장을 숨긴 주범이 고가도로라는 것을 알았다. 머리 위에 버스 정류장을 놓고 한참을 찾은 것이다. 하지만 절망적이었다. 고가도로는 계단으로만 이어져 있어 우리는 한참을 돌아가야 하는 다른 경로를 찾아야만 했다. 준우는 더는 참지 못하고 나에게 한마디 했다.

"누나, 이럴 바엔 지하철 타는 게 낫지 않아?"

"……."

"아니, 씨. 길도 모르겠고… 어떻게 매번 버스만 타고 다녀."

"너도 봤잖아. 지하철 힘든 거. 나보고 어떻게 지하철을 타라고……."

"오늘은 길을 다 찾아서 왔지만, 만약 일정이 꼬여서 모르는 곳에서 숙소로 가거나 즉흥적으로 다른 곳에 가고 싶어도 버스만 고집하면 못 간다니까?"

"……."

"그러니까 지하철도 시도해보면 좋겠어."

더는 아무런 대답을 할 수 없었다. 침묵이 흘렀다. 두 손 마주 잡으면 우주 끝까지라도 갈 수 있을 것 같던 우리가 여행 이튿날부터 언쟁 아닌 언쟁을 벌이다니.

어제는 핫초코보다 따뜻했던 그의 말이 오늘은 나를 꽁꽁 얼려버릴 듯 차가웠다. 지하철은 정말 피하고 싶었다. 행여 옆 사람의 발이라도 밟을까, 조이스틱을 힘껏 잡은 오른손의 긴장이 팔목을 타고 어깨와 목까지 이어지는 통증은 사람들이 붐비는 관광지에서 겪는 것만으로도 충분했다. 열차에서 내릴 때 휠체어 바퀴가 빠지지는 않을지 심장을 짓누르는 압박감은 버스를 타면 겪지 않아도 됐다.

하지만 준우의 이야기도 틀린 건 없었다. 여행은 자유로워야 하고 계획대로 흘러가지 않는다. 그걸 증명이라도 하듯 우리는 엄마 잃은 병아리마냥 차가운 길바닥에 선 채로 어쩔 줄을 몰랐다. 아까부터 기회만 엿보던 눈물샘이 금방이라도 터져버릴 것 같아 마음을 애써 꾹꾹 눌렀다. 모질게 말하던 준우는 버스 정류장으로 향하는 다른 길을 찾아 벌써 저만큼 앞서가고 있었다.

나쁜 건 버스에 집착하는 나도 아니고, 위험한 지하철을 타보자는 준우도 아니다. 지도는 우리에게 계단이 아닌 길까지 알려줄 만큼 친절하지 않다는 것과 세상에는 경사로보다 계단이 더 많다는 사실만 있을 뿐이다.

숨을 헐떡이며 준우가 달려왔다. 계단이 아닌 길을 찾았단다. 또 한 번 눈물이 왈칵 차올랐지만 아무렇지 않은 듯 그의 손을 잡고 다시 걸었다.

　겨우 숙소로 돌아와 어제 사놓은 스파게티를 삶았다. 와인도 곁들여 허겁지겁 먹어치웠다. 하루 만에 핼쑥해진 서로의 얼굴을 보니 웃음이 나왔다. 참 긴 하루였다.

* * *

　답답했다. 버스를 고집하는 윤영도, 하필 계단을 마주친 상황도. 더 말을 했다간 나도 모르게 날카로운 감정이 윤영을 할퀼 것 같았다. 입을 앙다물고 애써 감정을 추스르는 그녀를 보니 더 이상 아무 말도 할 수 없었다.

　런던의 공기에는 금방 익숙해졌지만 지금 우리 사이의 공기는 너무 낯설었다. 맞잡은 손이 어색했다. 지난 3년간 우리는 견해차가 생길 때마다 한 발씩 양보하며 간격을 좁혀왔다. 하지만 이번만큼은 서로 물러나지 않았다. 사소한 갈등이 거친 바람이 되어 우리 사이의 간격을 넓히고 있었다.

　그녀를 혼자 두고 계단을 올랐다. 고가도로 끝에서 길을 건너 한참을 돌아 다른 길을 찾았다. 먼 길이었지만 결국 버스에 탈 수 있었다. 내 말을 들어주지 않는 윤영에게 서운한 마음이 들었으나 원망할 대상은 그녀가 아니라 언더그라운드였다. 누구나 편하게 이용할 수 있었다면 이렇게 다툴 일도 없었을 텐데…… 윤영의 불안한 마음을 이해하지 못한 것이 미안했다.

　버스에 오르니 시험을 끝낸 듯 홀가분했다. 언더그라운드를 타자는 말은 두 번 다시 꺼내지 않기로 했다. 대신 다음 날부터 여정에 따라 숙소로 돌아오는 방법을 최대한 알아놓자고 생각했다. 피곤한 듯 휠체어에 기대어 눈을 감은 윤영의 얼굴이 너무 예뻤다.

　버스에서 내려 다시 잡은 손이 따스했다. 우리 앞으로 손을 맞잡은 그림자가 길게 늘어져 있었다. 익숙한 그 손을 잡고 어디까지나 함께 가고 싶었다.

* 대중교통

지하철 시내 중심인 1존(zone)에서 외곽인 6존까지 가격이 다르다. 노선도에 휠체어 마크가 있는 곳만 장애인 편의시설이 있다. 휠체어 마크가 있더라도 환승역에는 편의시설이 연계되지 않을 수 있으니 주의해야 한다.

버스 런던 시내의 모든 버스는 휠체어 탑승이 가능한 저상버스다. 휠체어를 사용하는 고객을 우선 탑승시키고 장애인은 무료로 이용할 수 있다. 이동 전에 구글 맵을 이용해 노선을 미리 알아두자.

런던 버스의 장애인 마크

* 택시

Wheelchair Accessible Holiday Taxis 런던을 기반으로 세계 46개국의 장애인 택시 예약을 대행한다. 가격은 히드로 공항에서 런던 중심까지 115파운드(약 17만원) 정도. 온라인과 전화로 예약할 수 있다.

홈페이지 : http://www.wheelchairaccessibleholidaytaxis.com
전화 : +44 (0)20 3585 4040

Black Taxis 런던을 비롯한 영국 대도시에서 이용할 수 있는 택시. 휠체어에 탄 채로 차량에 탑승할 수 있도록 경사로와 공간이 확보되어 있다. 운전기사는 장애 유형에 따라 고객 응대가 가능하도록 전문적인 교육을 받는다. 온라인과 전화로 예약이 가능하다.

홈페이지 : http://www.londonblacktaxis.net
전화 : +44 (0)20 3004 4953

✳ 여기에 가볼까?

런던타워 템스 강 북서쪽에 있는 중세 시대의 왕궁. 영국의 화려한 과거와 역사를 만날 수 있는 주요 관광지. 1988년 유네스코 세계문화유산 등재.

입장 시 특이 사항

- 매표 후 정문으로 입장 가능. 매 정각과 30분에는 전통복장을 입은 해설사가 가이드를 진행해 매우 붐빈다.
- 장애인 할인은 없으나 동반 1인 무료.

편의시설

- 매표소에서 휠체어 사용자를 위한 가이드 맵을 받을 수 있다. 'Access 1~3'으로 편의 정도를 나타내는 마크가 있는데 Access 1은 접근이 가능한 곳, Access 2는 100% 접근은 어려운 곳, Access 3은 접근이 아예 불가한 곳을 나타낸다.
- 화이트 타워에는 휠체어 표시가 있고 엘리베이터가 있으나 1층에서 기념품 가게가 있는 지하까지만 운행하기 때문에 전시실을 둘러볼 수 없다.
- 보물 전시실을 제외한 주요 시설물은 휠체어 접근이 거의 불가능.
- 장애인 화장실은 직원에게 열쇠를 받아 이용할 수 있다.

세인트 제임스 파크 런던에서 가장 오래된 왕립 공원. 서쪽으로는 버킹엄 궁, 동쪽에는 국회의사당과 웨스트민스터가 가깝다. 런던에서 가장 경치가 좋은 공원으로 손꼽힌다. 공원에 낮은 턱이 있지만, 휠체어가 무리 없이 잔디밭으로 들어갈 수 있다.

편의시설
- 장애인 화장실은 버킹엄 궁과 가까운 출입구에 한 곳 있는데 평소에는 잠겨 있어 관리실에서 열쇠를 받아야 이용할 수 있다.

자연사박물관 1881년에 설립되었으며 7,000만 종이 넘는 전시물이 있다. 라이프 갤러리에서는 공룡 화석. 곤충, 인간 등 지구 위의 모든 생물을, 어스 갤러리에서는 지질학과 지구과학에 관련된 전시물을 볼 수 있다.

입장 시 특이 사항
- 각 갤러리마다 출입구가 있으나, 라이프 갤러리에 위치한 정문은 계단이어서 어스 갤러리의 후문으로만 출입 가능.
- 라이프 갤러리가 상대적으로 붐비니 어스 갤러리 먼저 관람하는 것을 추천.

편의시설
- 각 관마다 엘리베이터를 이용할 수 있으나, 1층의 공룡 화석 전시실은 혼잡하고 길이 좁으며 계단인 곳도 있어 원활한 관람이 힘들다. 휠체어가 이동하기에 통로가 좁은 편.

켄싱턴 궁 하이드 파크 안에 있는 궁전으로 1997년까지 다이애나 왕세자빈이 살았던 곳. 왕실 가구와 예술품, 예복 등이 전시된 전시실이 있다.

입장 시 특이 사항
- 장애인과 동반 1인 30% 할인 적용.

편의시설
- 전시실 엘리베이터 이용 가능. 장애인 화장실은 로비 층에 있다.
- 로비 층에는 기념품 가게와 카페를 잇는 곳에 계단이 있으나 계산대 직원에게 요청하면 리프트를 이용할 수 있다.

대영박물관 세계 3대 박물관 중 하나. 로제타 스톤, 파르테논 신전 조각품 등 각종 고고학 자료를 소장하고 있으며 한국관에는 구석기 유물과 조선 시대의 미술품 등이 전시되어 있다.

편의시설
- 정문 계단 옆에 휠체어용 리프트가 있고, 후문에 경사로가 설치되어 있다.

타워브리지 런던을 상징하는 건축물 중 하나. 대형 선박이 지나갈 때 90도 가까이 올라가는 도개교.

입장 시 특이 사항
- 가까운 중간 진입로는 계단뿐이라 다리 끝 지점까지 이동해야 진입 가능.
- 내부 엘리베이터를 이용하여 전시관, 전망대에 입장. 매표소부터 직원이 동행하여 입장을 돕는다.
- 장애인 및 동반 1인 무료.

테이트모던 템스 강변에 위치한 세계 최대 규모의 현대미술관. 과거에 발전소였지만 2000년에 미술관으로 탈바꿈했다.

입장 시 특이 사항
- 입구에는 계단이 있어 출구로 진입해야 한다. 직원에게 입장을 요청하면 줄을 서지 않고 내부 매표소까지 안내받는다.
- 회랑은 내부에서 계단으로 이어지기 때문에 밖으로 나온 뒤 건물의 뒤편을 통해 들어가야 한다.
- 장애인 본인 및 동반 1인 무료.

편의시설
- 장애인 화장실은 회랑 입구 왼쪽의 레스토랑을 지나쳐 들어간다.

런던아이 런던 시내를 가장 높은 곳에서 바라볼 수 있는 회전 관람차.

입장 시 특이 사항
- 경사로 통해 매표소 접근 가능. 내부가 혼잡할 때는 직원에게 부탁하여 우선 예매 가능.
- 탑승은 출구를 통해 가능하며, 승하차 시 런던아이의 운행을 멈추고 경사로를 설치하므로 반드시 직원에게 안내받아야 한다.
- 장애인 할인은 없으나 동반 1인 무료.

편의시설
- 장애인 화장실은 매표소 건물 안에 있다.

세인트 폴 대성당 세계에서 두 번째로 큰 돔을 가진 성당으로 영국 국교회의 기념비적인 건물. 1666년 런던 대화재로 전소되었지만, 이후 재건된 모습 그대로 400년 넘게 런던에서 가장 사랑받는 건물이다.

입장 시 특이 사항
- 정문에는 계단이 있어 후문으로 입장 가능. 리프트를 이용해 나선형 계단을 올라야 한다.
- 돔은 계단 외 편의시설이 없어 접근할 수 없다.
- 장애인 할인은 없으나 동반 1인 무료.

편의시설
- 후문에 출입용 리프트가 있다.

내셔널 갤러리 트래펄가 광장 앞에 있는 영국 최초의 국립미술관. 1825년 개장 이후 르네상스 초기부터 19세기 말까지의 유럽 회화를 전시하고 있다.

입장 시 특이 사항
- 입구는 트래펄가 광장 앞과 오렌지 스트리트에 있으며, 출입용 리프트는 오렌지 스트리트에만 있다.

편의시설
- 갤러리 내부에 엘리베이터가 있으며, 장애인 화장실은 2층에 있다.

❶ 유로스타 이용하기

런던에서 파리로의 철도 이동 수단인 '유로스타'는 사전 예매가 필요하다. 홈페이지에서 휠체어 탭을 선택하여 예매할 수 있다. 휠체어 탭을 선택한 뒤 다음 화면에서 휠체어의 유형, 동행인의 유무 및 나이를 선택할 수 있다.

❷ 애플리케이션 vs 인터넷 홈페이지 예매

스마트폰 애플리케이션을 통해 예매할 수 있으나 휠체어 사용자에 관한 탭이 없다. 인터넷 홈페이지를 통해 예매하는 것을 추천한다. 만약 애플리케이션으로 예매했다면 현지 창구에서 휠체어 좌석으로 변경할 수 있다. 하지만 할인 및 차액에 대한 환급은 불가능하다.

+ 휠체어 사용자 유로스타 예약 화면

chapter 2

프랑스

너무나 당연한 곳에 온 기분이다. 내 인생이 적힌 '운명록' 같은 게 있다면 아마 30쪽 쯤에
는 파리에 가게 될 거라고 적혀 있겠지. 정해진 운명처럼, 누군가와 한 약속처럼 우리는 이
곳으로 왔다. 에펠탑을 눈앞에 두고서야 내가 왜 파리에 왔는지 알 것 같았다. 탑에 빛이
내리자 힘들었던 기억이 눈 녹듯 사라졌다.

파리

로망과 현실을 이야기하다

오전 10시, 유로스타에서 휠체어를 탄 좀비와 배낭을 잔뜩 짊어진 좀비가 내렸다. 추레한 행색에 넋 나간 꼴이 엉망이었다. 몸이 두들겨 맞은 것처럼 쑤셨고 움직임도 굼떴다. 머리는 합리적인 사고를 거부한 채 오직 화장실과 먹을 것만 갈구하고 있었다. 전날 런던 세인트판크라스 역에서 노숙했던 것이 치명적이었다.

어젯밤, 다행히 휠체어가 들어갈 수 있는 24시 카페를 찾아 찬 바람은 피했지만, 주문을 받던 주인장이 카페는 호텔이 아니라며 잠을 잘 수 없다는 의미심장한 말을 커피와 함께 건넸다. 우리는 걱정하지 말라는 듯 방긋 웃었지만 새카만 속내가 들킨 것 같아 뜨끔했다.

"깐깐한 사람이네. 설마 우리를 쫓아내기야 하겠어?"

그 순간, 옆 테이블에서 꾸벅꾸벅 졸던 손님이 매몰차게 쫓겨났다. 보지 않아야 할 장면을 목격이라도 한 듯 팽팽한 긴장의 기류가 흘렀다. 그때부터 우리는 서로를 두드려 깨워가며 잠과의 사투를 벌였고 겨우 유로스타를 탔다. 엎친 데 덮친 격으로 객실은 입김이 나올 만큼 냉골이었다. 몸은 파르르 떨렸고 정신은 혼미했다. 여기가 한국인지 프랑스인지…….

내린 뒤에는 멀쩡한 출구를 눈앞에 두고도 한국처럼 엘리베이터를 타고 대기실로 나가야 하는 줄 알고 있지도 않은 엘리베이터를 찾아 헤맸다. 보다 못한 역무원이 먼저 다가와 길을 알려줄 정도로 경황이 없었다.

게다가 화장실은 멀지 않은 곳에 있었지만 들어갈 수 없었다. 낙타는 바늘구멍을 통과할지 몰라도 화장실 출입문은 내 휠체어가 통과할 수 없을 만큼 좁았다. 화장실 이용료를 받는 직원에게 장애인 화장실이 어디냐고 물어봤지만 알 수 없는 불어만이 돌아왔다.

결국 우리는 본능에 따라 식사와 화장실을 동시에 해결할 수 있는 카페를 찾아 광장으로 달려 나갔다. 문턱이 없는 카페도 단번에 찾았다. 빠른 판단 덕분에 두 가지를 모두 해결할 수 있게 되었으니 얼마나 다행인지! 우리의 현명함을 자축하려던 찰나, 지하로 내려가는 계단 끝에 화장실이 보였다. 맙소사! 첩첩산중에 갇히면 이런 기분일까. 꽤 가파른 계단이었지만 더는 지체할 수 없었다. 영국에서부터 참았던 생리 현상은 이미 통제탑을 이탈한 폭주 기관차 같았다. 결국 준우에게 안기는 방법을 선택해 화장실을 해결했다. 촌각을 다툰 요란한 신고식이 끝나자 머릿속에서 워낭소리가 들리더니 "나마스떼" 하고 성자가 지나간다. 마음의 평화가 찾아왔다.

그사이 테이블 위로 주문한 아침 식사가 올라왔다. 오렌지 주스와 에스프레소 한 잔, 크루아상 한 개와 비스킷 두어 개가 나왔다. 힘없이 물을 뱉어내다 끊긴 섬마을 수도꼭지처럼 그 뒤로는 감감무소식이다. 혹시나 계란 프라이라도 더 주지 않을까 주방을 뚫어져라 쳐다봤지만, 허기에 몸부림치는 우리와 달리 주인장은 조간신문까지 펼쳐 들고 여유를 즐기고 있었다. 된장국에 하얀 쌀밥은 못 먹어도 영국의 아침 식사처럼 따뜻한 소시지 정도는 기대했건만…… 밥상을 앞에 두고도 허기가 지는 기이한 현상을 처음으로 경험했다.

배고픈 식사를 마치고 역으로 돌아와 지하철 티켓까지 구입한 뒤에야 보이지 않던 것들이 눈에 띄기 시작했다. 기차가 도착할 때마다 여행자들이 쏟아져 나왔다. 그 사이로 비둘기와 집시들이 각자의 시간을 누비고 있었다. 광장 한편에서는 낡은 피아노 한 대가 연미복을 입지 않은 피아니스트들과 함께 노래했다. 건반 위에서 춤추는 손가락이, 흥겨움에 몸을 흔드는 사람들이 자유롭고 순수해 보였다.

버스 승강장은 한산했다. 역에서 보았던 그 많던 여행객들은 지금쯤 지하철을 향하고 있을 터였다. 확실히 길을 찾기 편리한 쪽은 지하철이니까. 편의시설을 찾기 힘든 프랑스 지하철을 일찌감치 포기한 우리는 이번 여행지에서도 지하철은 타지 않을 생각이었다. 버스로 하는 파리 여행은 또 얼마나 많은 이야기를 우리에게 선물할지 온몸에 짜릿한 긴장감이 흘렀다.

숙소로 향하는 차에 올랐다. 버스가 얼마나 낡았는지, 도착지를 알려줘야 할 전광판은 벌써 오래전에 은퇴식을 치른 듯 꺼진 상태였다. 이 차를 탄 이상 도착지를 알아내는 것은 오롯이 우리의 몫이었다. '실

수 없이 내려야 한다'라는 비장한 마음으로 GPS를 켠 휴대폰을 들고 버스가 정차할 때마다 지도와 정류장 이름을 확인하느라 바빴지만, 차창 밖에 보이는 색색의 꽃들을 한 아름씩 안은 발코니에 자꾸 시선을 빼앗겼다. 프랑스 사람들은 집을 가꾸는 것을 좋아한다더니 어쩜 똑같이 생긴 발코니가 하나도 없는지, 그들의 개성과 정성이 오래된 건물에 생기를 불어넣고 있었다.

도착한 숙소는 깔끔했다. 입구에 10cm 정도의 턱이 있었지만, 숙박비가 싸다면 이제 그 정도는 개의치 않았다. 비록 엘리베이터가 계단 위에 있는 데다 한 사람도 타기 버거울 만큼 좁았지만, 프런트 직원이 휠체어를 살펴봐주기로 했고 로비에서 충전도 가능하니 우리에겐 최고의 호스텔이다. 체크인을 기다리는데 벽에 어지럽게 붙어 있는 에펠탑과 몽마르트르 언덕, 베르사유 사진이 눈에 들어왔다. 순간 '쿵!' 하고 가슴이 뛰기 시작했다.

"우리 저기 다 가볼 수 있는 거지?"

"그럼, 내가 다 안내해줄게!"

그것은 읽다 말아버린 잡지 속에 있는 무의미한 사진들이 아니었다. 누구나 다 알지만 나는 가보지 못할 곳이라고 생각한 그곳들이 손 내밀면 닿을 듯 가까웠다. 얼른 꿈이 아닌 현실의 세계에 발을 내딛고 싶어 조바심이 났다.

"이곳은 나와 맞지 않아"라고 말할 수 있는 용기

그토록 꿈에 그리던 파리였지만, 여행 내내 마음을 불편하게 하는 무언가가 있었다. 처음에는 런던에 모든 정을 쏟아주고 와서 더는 퍼줄 것이 없는 기분 탓이라고 생각했다. 하지만 내 마음이 흔들리는 이유는 생각보다 복잡했다.

이곳이 두 번째인 준우는 파리의 모든 낭만을 보여주겠다며 신이 나 있었다. 외로운 솔로로 갔다가 알콩달콩 커플로 돌아왔으니, 함께 걷고 나누고 싶은 것들이 얼마나 많을까. 파리 지도만 봐도 나와 갈 곳을 술술 읊던 그였다. 파리 여행이야말로 자신에게 맡기라고도 했다. 하지만 시간이 지날수록 나는 점점 좌불안석이었다. 그와 상상했던 파리는 어디에도 없었으니까.

모두가 멋지다고, 좋다고 하는데 왜 나만 그것을 찾지 못하는 걸까?

낙오자가 된 것 같았다. 앞서 가는 준우를 볼 때마다 죄책감이 들었다. 내 눈에 파리지엥이 거니는 고풍스러운 거리는 어디에도 없었다. 대신 가래떡 끊듯 뚝뚝 끊어진 인도가 있을 뿐이었다. 경사로가 있어야 인도를 오르고 내릴 수 있을 텐데, 횡단보도 앞에서도 인도가 턱 때문에 끊겨버렸을 때는 정말이지 두 손 두 발 다 들었다.

에펠탑을 조망하기에 가장 좋다는 트로카데로 광장도 그랬다. 일찌 감치 모인 사람들은 광장에 올라 한 폭의 그림 같은 에펠탑을 구경하 느라 여념이 없었다. 어서 나도 그 행렬에 동참하고 싶어 발을 동동거 렸는데 보안 요원과 이야기를 나누던 준우의 낯빛이 변한다. 나는 그 게 어떤 의미인지 단번에 알아차렸다. 없었다. 계단 몇 개만 오르면 되는데 경사로 하나가 없었다. 주변을 돌고 돌다 결국 눈을 질끈 감 고 돌아서게 됐을 때 당혹스러워 어쩔 줄 모르는 준우의 모습이 안타 깝다가도 화가 났다. '잘못한 쪽은 네가 아니라 저 빌어먹을 계단이라 고!'

문제는 접근성뿐만이 아니었다. 어디를 가든 너무 붐볐다. 파리는 어느 수도와 비교해도 좁은 편인데 해마다 인구가 10~15만 명씩 불어 난단다. 자국민과 관광객이 뒤섞여 트램은 물론 버스, 관광지에 사람 들이 넘쳤다. 베르사유 궁에서는 퇴근길 신도림역을 방불케 하는 줄 을 서서 한 발자국, 한 발자국 기계적으로 움직였다. 하나라도 눈에 더 담으려면 기를 써야 했다. 박물관을 가더라도 관람보다 사람들의 발을 밟지 않는 것이 나에겐 더 중요했다.

사람이 많아서일까. 일하는 이들의 피곤함이 불친절함으로 표출되 는 듯했다. 하차 버튼이 고장이 난 줄도 모르고 기다리다가 "리프트 내려주세요!"라고 버스 기사에게 외치니 왜 진작 말하지 않았냐고 짜 증을 냈고, 베르사유에 가려고 RER열차에 리프트 서비스를 신청했지 만 진행 상황도 듣지 못한 채 30분을 기다려야 했다. 언제쯤 서비스를 받을 수 있냐고 물었더니 보채지 말고 잠자코 기다려야 도와줄 수 있다며 도리어 역정을 낸다. 우리나라 코레일 서비스가 얼마나 빠르고 친절한지 지구 반대편에서 깨닫게 될 줄 정말이지 누가 알았겠는가.

혼란스러웠다. 그렇게 원하고 바라던 파리 여행을 물리적인 환경과 사람에게 치여 쌓이는 불편한 감정 따위로 망치고 싶지 않았다. 무엇보다 준우를 실망시키는 것은 싫다. 나만 괜찮으면 되는데 어떻게 하면 이 감정을 감출 수 있을지 줄곧 마음을 졸였다.

해답은 전혀 예상치 못한 곳에서 찾았다. 숙소에서 만난 한국인과 파리에 대한 생각을 공유하다가 "우리 열두 시간 날아서 또 다른 서울에 온 것 같지 않아요?"라는 말이 나도 모르게 툭 튀어나온 것. 그녀 역시 똑같은 생각을 했단다. 준우도 헤실헤실 웃기 시작했다. 그제야 꽁꽁 감춰뒀던 감정들이 순식간에 해방되어 저 멀리 날아갔다.

준우를 실망하게 하지 않는 방법은 나의 감정을 숨기는 것뿐이라고 생각했지만, 그것은 옳지 않았다. 24시간 붙어 있으면서 모든 순간을 함께 경험하며 감정을 나누기에, 말하지 않는다고 숨길 수 있는 것이 아니었다. 서로의 눈치를 보며 부정적인 감정은 외면하려던 노력을 집어치우고, 계단에 대고 함께 욕을 쏟아낼 수 있게 되자 우리의 파리 여행은 비로소 솔직하고 즐거워졌다.

여행에서 느끼는 감상과 감정이 남들과 다르다고, 때론 예쁘지 않다고 해서 감출 필요가 있을까. 그런 마음까지도 '나쁘다' 혹은 '좋다'라는 판단 없이 그대로 받아들였다 흘려보내면 되는 것이었다.

하지만 파리는 사랑

파리에서 다섯 번째 해가 뜨던 날! 우리는 '그곳'에 오르기로 했다. 그곳은 바로 에펠탑! 사실 에펠탑은 버스를 타면 시내 어딜 가나 곧잘 보였다. 준우에게는 비밀이지만 여행 중 모든 의욕이 녹아내렸을 때는 '어떻게 봐도 그냥 에펠탑인데 굳이 가까이 가서 봐야 할까?'라는 생각마저 들었다. 하지만 폭풍우는 지나갔다. 맑게 갠 가을 하늘 밑, 싱그러움이 톡톡 터지는 초록 잔디 위에 청동빛으로 반짝이는 에펠탑 앞에 서자 내가 왜 파리에 왔는지 깨달았다. 사진보다 더 크고 그림보다 우아했으며, 영화보다 더 로맨틱했다. 굳게 닫혀 있던 마음이 철컥하고 열렸고, 정신을 차려보니 나는 어느새 휠체어에서 내려와 잔디밭 위에 앉아 있었다.

나는 휠체어에 앉아 있는 게 가장 편하다. 내 몸과 같은 휠체어에서 내릴 때마다 통증과 어색함을 느끼곤 했다. 무엇보다 저 사람은 도대체 '무엇'인지 궁금해하는 듯한 주변의 시선들이 불편했다. 하지만 오늘은 달랐다. 지겹도록 따라붙는 시선이 없다. 조금 더 가까이, 조금 더 생생하게 이곳을 느끼고 싶은 마음뿐이다. 파리에서 처음으로 보이는 나의 폭발적인 반응에 준우도 흥이 났는지 연신 카메라 셔터를 눌러댔다. 쏟아지는 햇살과 준우의 셔터 세례를 그대로 받아들였다. 이 세상 제일가는 모델처럼 포즈를 취했다. 그렇게 에펠탑과 나는 하나의 프레임에 담겼다.

광장 한쪽에는 스낵바가 줄지어 있었다. 주머니는 가볍고 배는 고픈 우리에게 문턱 없는 천국이다. 배경이 워낙 좋으니 먹음직스러운 크레이프와 핫도그를 사서 아무 데나 주저앉아 자리를 잡으면 그 어떤 호화 레스토랑도 부럽지 않았다. 10유로가 채 안 되는 가격으로 에펠탑을 바라보며 식사할 수 있다니! 준우와 마주 앉아 이곳이 얼마나 멋진 곳인지 조잘조잘 쏟아내고 있자니 갑자기 파리 예찬론자가 된 것이 영 머쓱해 마음이 씰룩였다. 뭐 어떠랴? 나는 줏대 없는 팔랑팔랑 가벼운 마음의 여행자다.

간단히 배를 채우고는 주변을 산책하거나 기념품 가게를 구경하며 시간을 보냈다. '저 뾰족한 구조물에 사람이 들어갈 수 있는 것도 의심스러운데 거기에 엘리베이터를 타고 내가 올라갈 수 있다니!' 한껏 여유를 부려보지만, 하늘을 볼 때마다 에펠탑에 올라갈 생각에 마음이 울렁거렸다.

어느새 에펠탑 아래로 내려앉은 태양이 우리에게 어서 오라 손짓했다. 그 부름을 누가 거역할 수 있을까. 신나게 매표소를 향해 뛰어갔다. 그러나 표를 사는 행렬은 이미 두세 겹에 걸쳐 있었고 통로 폭이 좁아서 줄 서는 것마저 불가능했다. 난감해하는 사이 어디선가 직원이 나타나 장애인 전용 창구는 동쪽에 있다고 알려주었고 나는 조용히 가슴을 쓸어내렸다. 북적이던 서쪽 입구와는 달리 동쪽 입구는 어찌나 한산한지 오히려 손님이 직원을 찾아 나서야 할 정도였다.

티켓 구입은 간단했다. 우리나라에서는 어디를 가나 장애인임을 증명하는 복지카드를 요구하는데 이곳에서는 휠체어에 타고 있는 나를 쓱 보는 것으로도 충분한지 장애인 할인까지 적용된 티켓을 발권해주고 곧바로 엘리베이터로 안내했다. 휠체어를 사용하는 장애인은 안전을 이유로 2층까지만 갈 수 있어 못내 아쉬웠다. 2층 전망대 높이는 약 114m. 엘리베이터는 빠르게 위로 올라갔다. 에펠탑의 철 구조물 숲을 통과하는데 속도감이 상당해 올라간다기보다 솟구친다는 느낌에 가까웠다.

엘리베이터 문이 열리자 뜻밖에 휠체어 몇 대가 있어도 넉넉할 만큼 넓은 전망대가 나왔다. 놀라웠다. 뾰족하게만 보였던 에펠탑 안에 어떻게 이런 신세계를 꼭꼭 숨겨놓을 수 있었을까. 관광객으로 붐볐지만 2, 3층으로 사람들이 분산되어 내 낮은 시야로도 경관을 내려다보기에는 충분했다.

어느새 파리는 홍차색으로 물들었다. 에펠탑에서 내려다보이는 정원은 기하학적인 조명 덕에 신밧드가 타고 다니는 양탄자처럼 황금빛으로 오밀조밀 수놓여 있었다. 에펠탑 위의 시간은 아래와는 달랐다. 땅거미가 진다 싶더니 순식간에 어둠이 깔리고 불빛이 하나둘 켜지기 시작했다. 늘 보던 빼곡한 빌딩 숲에서 사각형으로 발하는 차가운 야경이 아니다. 파리의 야경은 마치 우주에 흩뿌려진 별이 바람에 나부끼듯 제각기 반짝이는 것이었다.

그렇게 한참을 지구에서 우주를 내려다보고 있을 때 느닷없이 우리를 현실로 이끈 것은 '꼬르륵' 소리였다. 정직한 배고픔이었다. 아까 스낵바에서 먹은 간식 하나로 지금껏 버텼으니 배가 아우성이었다. 그때서야 낭만이고 뭐고 서둘러 내려왔는데 몇 걸음 가기도 전에 등 뒤에서 탄성이 터져 나왔다.

무심코 고개를 돌렸다가 눈앞의 광경에 너무 놀라 그만 "아악! 에펠탑이 빛나!!" 하고 소리를 꽥 내지르고 말았다. 에펠탑을 감싸 안은 불빛이 춤추고 있는 것을 본 순간 파리에 오길 참 잘했다고 생각했다. 파리로 나를 이끈 준우가 너무 고마웠다. 함께 마음고생하는 것이 미안했지만 그와 함께라서 참 다행이라고 생각했다. 나를 바라보며 여느 때같이 바보처럼 웃고 있는 준우. 아마 천만 번째 정도일까. 또다시 사랑에 빠져버렸다.

윤영과 파리를 가기로 결정했을 때 영화 〈비포 선셋〉이 생각났다. 여행지에서 만났다 헤어진 남녀가 9년 만에 파리에서 다시 만나는 이야기. 그렇다고 내가 파리에서 연애했다는 것은 아니고, 다시 파리를 만난다는 것이 설레었다는 거다. 다시 가는 파리 여행은 마치 여행지에서 알게 된 오랜 친구 하나를 윤영에게 소개하는 느낌이었다. 내 여행의 버킷리스트 중 하나가 이루어지는 순간이었다.

　2012년. 파리는 내가 처음으로 만난 유럽이었다. 처음이어서일까. 나는 파리의 모든 것이 마음에 들었다. 뤽상부르 공원의 벤치에 앉아 한가로이 햇살을 쬐고, 시테 섬에서는 세상에서 제일 예쁜 아이스크림을 먹었다. 루브르 박물관과 오르세 미술관에서는 종일 돌아다녀도 다리가 아프지 않았다. 해 질 녘에는 몽마르트르 언덕의 흥겨운 분위기에 몸을 맡겼다. 아침이면 갓 구워진 크루아상의 고소한 냄새에 취했고 밤이면 빛의 도시가 뿜어내는 아름다움에 빠졌다.

　파리에서의 마지막 날 늦은 밤. 센 강을 따라 걸었던 기억이 난다. 루브르 박물관의 피라미드가 밝게 빛났고 강 건너 오르세 미술관도 환한 빛을 온몸으로 자랑한다. 오렌지빛으로 물든 파리 밤거리는 이대로 떠나기가 너무 아쉬울 정도로 아름다웠다. 걸으면서 짧은 여행의 아쉬움을 달래고 싶었지만, 마음은 쉬이 진정되지 않았다.

　걷다 보니 어느새 에펠탑 앞에 이르렀다. 마침 자정이 되어 에펠탑의 조명이 하나둘 꽃이 피듯 반짝이기 시작했다. 주변에서 환호성이

터졌고 연인들은 하나같이 입을 맞췄다. 나는 세상을 처음 본 아기처럼 모든 것에서 눈을 뗄 수 없었다. 저 에펠탑을 보며 프러포즈를 하는 영화도 있었지……. 정말 아름다웠다. 저게 뭔데 이렇게 감동적인 걸까. 알 수 없는 감정이 벅차올라 눈물이 날 것 같았다. 빛은 꺼졌지만 자리를 떠날 수 없었다. 에펠탑을 한참이나 바라보며 다짐했다. 언젠가 꼭 다시 사랑하는 사람과 이 도시에 오겠다고. 이 감정을 함께 나눌 수 있는 나의 사람과 다시, 파리에.

출근하듯 여행하는 우리

그리고 3년 후. 윤영의 손을 잡고 함께 파리에 왔다. 사랑스러운 그녀와 함께 파리에 있다는 것이 너무 설레었다. 내가 만난 파리의 모든 것을 보여주고, 그때의 감정과 낭만을 함께 나누고 싶었다. 내 기억 속의 소중한 친구를 윤영도 좋아해주길 바랐다.

하지만 우리는 기대와는 달리 하루가 다르게 피곤함에 찌들어갔다. 어딜 가나 인파에 치이는 것은 물론이고 뚝뚝 끊어지는 인도, 더러운 거리에 매일 아침 타는 만원 버스까지. 낭만은 찾는 것이 아니라 느끼는 것이라지만 힘들어서 낭만이 느껴지질 않았다. 거기에 이 도시를 좋아해주길 바라는 나의 기대에 부응하려 눈치를 보는 윤영의 모습……. 나도 그녀의 심기를 건드리지 않으려 눈치를 봤다. 불편했다. 우리는 서로 눈치를 보느라 자석 양극처럼 상대방의 마음을 밀어내고 있었다.

정신을 차려보니 우린 출근하듯 여행하고 있었다. 새로운 곳을 가는 설렘도 있었지만, 한 구석에는 '오늘은 사람이 얼마나 많을까' 하는 걱정이 자라나고 있었다. 어쩌면 우리는 꼴불견 상사 때문에 마지못해 출근하는 직장인처럼 여행하고 있진 않은가. 평소라면 "오늘 어땠어? 내일 뭐 할까? 어디 가지?"라는 대화를 나눌 우리인데, 일상적인 말 한마디도 건네기 어려웠다. 목구멍이 까끌까끌해 파스타 면발을 넘기기조차 힘들었다. 여긴 왜 이렇게 힘들지? 이게 우리가 하고 싶은 여행이었을까? 우리가 여행에서 가장 하고 싶었던 것이 뭘까? 이렇게 일하듯 여행하는 게 맞나? 깊은 한숨이 나왔다.

여행을 하다 보면, 처음에 즐겁고 신나던 기분을 피로가 조금씩 잡아먹으며 그 자리를 차지한다. 처음엔 별것 아니라도 시간이 갈수록, 치이는 일이 많아질수록 피로가 무럭무럭 자라나 도대체 내가 뭘 하는 건지 알 수 없을 때가 온다. 그게 우리의 상태였다. 앞으로 여정을 이어 나가기 위해선 잠시 멈춰야 했다. 지금이 그때라고 생각했다. 그래서 우린 하루, 쉬기로 했다.

휴일을 정하고 가장 먼저 한 일은 알람을 끈 것이었다. 느지막이 일어나 코인세탁소에 들러 빨래를 돌렸다. 세탁기가 일하는 동안 간단히 장을 봤다. 런던에서 달고 온 감기를 떨치기 위해 약을 샀다. 빨래를 정리하니 오전이 다 갔다. 간단히 점심을 먹고 낮잠을 잤다. 유럽에 와서 매일 싸돌아다녔으니 첫 낮잠인 셈이다. 숙소 주변의 카페에 들어가 커피와 크루아상을 먹으며 일기를 썼다. 그리고 윤영과 정말 오랜만에 수다를 떨었다. 해가 너무 짧았다.

여행하며 우리가 나눈 대화는 거의 여행지에 관한 것이었다. 어쩌면 우린 여행에서의 의무만 생각하고 있진 않았을까. '관광'을 안 한 오늘에서야 우리는 서로에 대한 이야기를 나눌 수 있었다. 에펠탑이 예뻤다는 말 대신 내가 만든 파스타를 맛있게 먹어줘서 고맙다는 말, 사람이 많아서 힘들었다는 불평 대신 낮에 함께 고른 오렌지가 맛있어서 기분이 좋다는 말, 어디에 가서 좋았다는 말이 아닌 우리가 함께여서 행복하다는 한마디. 오랜만에 '길 찾기'가 아닌 '서로'에게 집중할 수 있어 행복하다는 말. 연애 초기 특유의 설렘이 다시 느껴졌다.

'억지로 파리를 좋아해주지 않아도 괜찮아. 여기가 좋든 싫든,
당신만은 언제나 날 좋아해주고 있다는 것을 아니까.'

＊대중교통

`버스` 시내를 달리는 모든 버스가 저상버스다. 이동 전 구글 맵을 이용해서 노선을 미리 알아두면 편리하다. 정류장 안내 방송이 나오지 않는 경우가 많으므로 하차할 때 주의가 필요하다. 주말에는 일부 버스 노선이 평일과 달라질 수 있으니 탑승 시 기사에게 목적지를 확인하는 것이 좋다.

`메트로` 시내 중심인 1존부터 외곽인 6존까지 가격이 다르다. 편의시설이 거의 없어 이용하기 어렵다.

`RER` 시내 중심부와 외곽을 이어주는 지역고속철도. 파리 시내는 일회용 티켓으로 이용할 수 있지만, 베르사유로 갈 때처럼 외곽으로 이동할 때는 별도 요금을 지불해야 한다. 탑승 시 리프트 서비스를 요청해야 한다.

`트램` 파리 외곽을 달리는 지상철. 정류장에 턱이 없고 우리나라의 지하철처럼 휠체어 전용 칸이 있다.

＊택시

`G7, PMR` 파리에서는 대표적으로 2개의 택시회사(G7, Taxi PMR parisien)에서 장애인을 위한 택시를 운행하고 있다. 전화, 홈페이지, 애플리케이션 등으로 예약 가능하다.

G7 : http://www.g7.fr / 전화 : +33 (0)1 47 39 00 91
PMR : http://www.taxipmr.onlc.fr / 전화 : +33 (0)6 14 67 75 02

＊ 여기에 가볼까?

에펠탑 파리의 상징이자 프랑스의 상징. 파리 시내를 조망할 수 있는 가장 높은 건물.

입장 시 특이 사항
• 장애인용 매표소는 동쪽에만 있다. 휠체어 표시가 되어 있는 곳을 찾아가자.
• 에펠탑은 총 3층으로 되어 있으나 휠체어 사용자는 가장 높은 전망대는 갈 수 없다. 보행이 가능한 장애인은 3층까지 갈 수 있다.
• 장애인 및 동반 1인 할인 적용.

편의시설
• 층마다 유료 화장실이 있으나 장애인 화장실은 무료 이용 가능.
• 보행이 가능하면 1~2층은 계단으로 오를 수 있어 엘리베이터를 이용하는 것보다 저렴하다. 2~3층은 엘리베이터를 이용해야 한다.

노트르담 성당 12세기 고딕 양식의 걸작이라 불리는 세상에서 가장 아름다운 성당 중 하나. 아름다운 스테인드글라스로 장식되어 있다.

입장 시 특이 사항
• 성당 입구는 계단이며, 출구에만 경사로가 있다.
• 종탑을 오르는 엘리베이터는 없다.

편의시설
• 예배당 안쪽으로 향하는 계단은 왼쪽에 리프트가 있어 직원에게 요청 후 이용할 수 있다.

몽마르트르 언덕 파리 북부 몽마르트르 지구에 있는 언덕. 카페가 많고 초상화를 그려주는 화가도 만날 수 있다. 라이브 음악이 흐르는 카페의 테라스에 앉아 파리의 시내를 한눈에 바라볼 수 있다.

입장 시 특이 사항

- 언덕으로 바로 향하는 길은 대부분 계단이지만 케이블카를 이용해 오를 수도 있다.
- 케이블카는 12호선 Abbesses역 주변에 있다.

오르세 미술관 파리 3대 미술관 중 하나로 19세기 이후 근대미술 작품 위주로 전시한다. 기차역을 리모델링해 내부가 어느 미술관과는 다르게 트여 있다는 느낌이다.

입장 시 특이 사항

- 장애인은 줄 서지 않고 입장할 수 있다. 장애인 및 동반 1인 무료.

편의시설

- 엘리베이터 및 장애인 화장실 있음.

베르사유 궁전 베르사유 궁전은 유럽의 모든 궁전에 영감을 주었다 해도 과언이 아닐 만큼 손꼽히는 건축물이다. 건물은 매표소가 있는 광장, 궁전, 정원 등세 부분으로 크게 나뉜다.

입장 시 특이 사항

- 매표소가 있는 광장은 울퉁불퉁한 타일이 깔려 있어 휠체어로 오가기 힘들다. 장애인은 줄을 서지 않고 출구를 통해 따로 입장한다.
- 궁전 입장은 장애인 및 동반 1인 무료지만 정원은 장애인 할인이 없다 .

편의시설

- 궁전 내부에 엘리베이터와 장애인 화장실이 있다. 정원에도 장애인 화장실이 있지만, 가는 길이 자갈길이다.

루브르 박물관 세계 3대 박물관 중 하나로 설리관, 드농관, 리슐리외관 등 3개의 관으로 나뉜다. 전 세계, 전 시대를 아우르는 전시물이 30만 점 넘게 전시되어 있다.

입장 시 특이 사항
- 장애인은 루브르 박물관의 입구 왼쪽 엘리베이터를 통해 따로 입장할 수 있다.
- 장애인 및 동반 1인 무료.

편의시설
- 곳곳에 엘리베이터가 있지만 한 대의 엘리베이터가 모든 층을 오가는 것이 아니라 2개의 층만 오가는 경우가 많다. 목적지를 정하면 직원에게 길을 묻자. 계단이 많고 갑자기 길이 막히기도 하니 지도를 꼼꼼히 살펴야 한다. 각 관을 이동할 때는 2~3층의 연결 통로를 이용하면 좋다.
- 1층 로비에 장애인 화장실이 있다.

tip

❶ '까르네' 구입은 큰 역에서!
버스, 지하철, 트램을 이용할 수 있는 일회용 티켓 '까르네'는 모든 지하철역에서 살 수 있지만 지하철 편의시설이 열악하여 휠체어 사용자는 접근이 쉽지 않다. 하지만 파리의 동역, 북역, 몽파르나스 역 등 규모가 큰 역은 매표소가 1층에 있어 까르네를 구매하기 쉽다.

❷ 뮤지엄 패스를 사야 할까?
박물관의 도시라 불리는 파리는 모든 박물관이 장애인 및 동반 1인 무료 입장이다. 장애인은 입장을 따로 하기 때문에 줄을 서지 않기 위한 목적이라면 뮤지엄 패스를 구매할 필요가 없다.

❸ 프랑스 기차 탑승하기
'Handicapped Seat'으로 예매했다면 늦어도 열차 출발 30분 전까지 리프트 서비스를 신청해야 한다. 매표소에서도 도우미 신청을 할 수 있는 한국과 달리 프랑스에서는 인포메이션 오피스에서만 서비스를 신청할 수 있다. 이곳에서 장애인 고객 서비스 실무를 담당하니 문제가 생기면 인포메이션 오피스로 가자.

디종

이곳을 몰랐다면 영원히 내 기억 속
프랑스는 파리가 전부였겠지!

　한 번쯤은 아무도 모르는 곳으로 가고 싶었다. '한국인 최초로, 장
애인 최초로 이곳에 발을 디뎠다!'와 같은 역사적인 의식을 치르고
싶은 마음은 없었다. 다만, 너무나 작고 별다를 것 없는 곳이라 가이
드북에는 소개되지 못했지만 어느 여행자의 노트 속에 고이 간직되
어 있을 것만 같은 그런 곳에 가보고 싶었다. 그래서 가이드북을 덮
고 유레일 노선도를 펼쳤다. 인터라켄으로 향하는 길목에는 많은 마
을이 있었지만 어쩐지 마음 가는 곳은 딱 한 곳뿐이었다. 바로 '디종
(Dijon)'.

　인터넷으로 디종을 검색하니 뜻밖에 많은 자료가 쏟아졌다. 프랑스
중동부 부르고뉴 주에 있는 이곳은 머스터드가 처음 만들어진 곳이
며, 이색적인 부엉이 투어가 있다고 했다. 무엇보다 마음에 들었던 점
은 경사가 없이 완만한 지대에 안데르센 동화처럼 아기자기한 마을이
펼쳐져 있고, 그곳을 가로지르는 도로는 깨끗하게 닦여 있다는 사실

이었다. 생각보다 많은 사람에게 알려진 것은 아쉬웠으나 이제 다른 곳은 안중에도 없었다. 머스터드를 좋아하는 준우와 너른 길이 안심되는 나에게는 너무나 완벽한 곳이었으니까.

그의 재치와 순발력은 어디까지인가?!

정오를 지나 도착한 디종에는 비가 부슬부슬 내리고 있었다. 물기를 흠뻑 머금은 흙에서만 풍기는 달콤한 냄새에 도시에서 달고 온 긴 긴장감이 사르르 녹아내렸다. 이제 어디로 가야 할까?

우리가 들고 온 가이드북에 디종은 없었다. 사전 지식 없이 무턱대고 왔으니 제일 먼저 할 일은 관광안내소에 들르는 것이었다. 지도를 받아 숙소를 찾아갈 요량이었는데 어찌 된 일인지 문이 굳게 잠겨 있다. 역 사무실에 찾아가 지도를 부탁해봤지만 돌아오는 대답은 관광안내소가 바로 옆에 있다는 말뿐. 잠깐 자리를 비운 것인지 아에 문을 닫은 것인지 알 수가 없어 하염없이 기다릴 수도 없는 노릇이었다. 망연자실하고 있을 때, 준우가 호주머니에서 휴대폰을 꺼냈다.

"인터넷도 안 되는데 어떡하려고?"

"다 생각이 있지."

의미심장한 웃음을 짓던 준우는 순식간에 먹잇감을 노리는 하이에나로 변신해 이곳저곳을 어슬렁거리기 시작했다. 반신반의했지만 뾰족한 수가 없는 나도 몸체만큼 커다란 짐을 매달고 그의 뒤를 따랐다. 커다란 배낭을 메고 캐리어를 끌며 어딘가로 가는가 싶다가도 이내 멈춰서 허공을 바라보는 산만 한 남자와 헤실헤실 웃는 휠체어 탄 작은 여자. 우리의 대조적인 외모와 이해할 수 없는 몸짓이 얼마나 우스꽝스러웠을지 지금 생각하면 얼굴이 화끈하다. 하지만 그때는 그런 것을 따질 새도 없이 무척 진지했다.

"오! 된다!!"

준우 하이에나가 패스트푸드 가게 앞에 쭈그려 앉으며 포효했다. 가게 밖으로 흘러나오는 프리 와이파이를 마침내 찾은 것이다. 간식비 한 번도 허투루 쓸 수 없었던 팍팍한 살림에 준우의 작은 아이디어가 빛을 발했다. 인터넷 날개를 단 휴대폰은 숙소 가는 길을 단번에 알려주었고, 우리는 쾌재를 부르며 비 내리는 디종 속으로 거침없이 들어갔다.

너는 투박한 손길로 다독여주었지

어느새 준우 어깨를 소록소록 적시는 비가 내심 걱정이었지만, 숙소로 향하는 길은 쾌적했다. 차들이 내뿜는 매연 대신 풀 내음 가득한 상쾌한 바람이 코끝을 스쳤다. 행여나 휠체어 바퀴가 사람들의 발을 밟을까 노심초사할 일도 없었다.

부모님 계시는 고향에 내려갔던 어느 날이 떠올랐다. 여전히 투덕거리는 두 분의 모습, 아무렇게나 걸려 있는 수건, 밥상 위에 올라온 내가 쓰던 수저 한 쌍까지 모든 게 제자리. 지겹도록 싫었던 것들이 아직도 그 자리에 있음을 확인하고 어쩐지 안심이 되었던 순간이 있었다. 지천으로 깔린 이름 모를 잡초의 푸르름과 소리 없이 흐르는 개천에 새삼 반가움을 느끼고 나서야 내가 도시에 지쳐 있었다는 것을 깨달았다. 디종도 그랬다. 도시의 요란스러움에 하루가 다르게 말라가는 나를 시골의 투박함으로 포근하게 안아주었다.

얼마나 걸었을까. 컴퓨터로만 보았던 익숙한 광경이 눈에 들어왔다. 성에나 있을 것 같은 아치형의 고풍스러운 문을 통과하자 포도 넝쿨이 멋스럽게 얽혀 있는 이층집이 나왔다. 우리가 2박 3일간 지낼 곳이었다. 12시간을 날았고, 기차를 두 번이나 갈아타고 온 곳인데도 어딘가 모르게 우리네 시골집의 익숙함이 있었다. 너른 마당은 곧 주차장이었고 시원한 그늘이 드리우는 모든 곳이 쉼터였다. 배리어프리(barrier free) 룸은 따로 없어서 무거운 전동 휠체어는 1층에 두기로 했다. 휠체어를 세워둘 수 있는 구석진 자리는 어디에나 있었지만 주인 할머니는 식료품 창고까지 열어 휠체어에게 안락한 잠자리를 내어주었다. 우리의 대화는 어설펐지만 '휠체어 = 윤영에게 더없이 중요한 것'이라는 점에 공감해주는 것이 고마웠다. 만약 수동 휠체어를 타고 있거나 휠체어를 들고 올라올 수 있다면 객실과 식당까지 모두 이용할 수 있을 만큼 통로는 넓고 턱이 없었다.

나는 준우에게 안기거나 위험을 감수하고 목발을 짚어야 했지만 그것과 상관없이 들뜬 기분이었다. 여행 중 처음으로 호스텔을 벗어났으니 이 쾌적하고 조용한 숙소가 전부 내 것인 양 신이 났다. 방은 또 얼마나 근사한가. 《빨간 머리 앤》의 다락방에서나 본 듯한 앤티크한 창문에서는 아침마다 새의 지저귐이 들려왔다. 사람의 손길을 타며 나이가 든 가구, 화려하지는 않지만 단정한 무채색의 패턴 벽지가 마음을 편안하게 만들었다.

그런데 휠체어를 넣으라며 창고까지 활짝 열어주었던 주인 할머니가 심상치 않다. 그녀는 내가 목발을 짚고 식당에 들어설 때마다 애정 가득한 눈빛을 발사하곤 했는데, 할머니와의 잊을 수 없는 해프닝은 다음 날 아침에 일어났다. "봉주르~." 졸린 눈을 비비고 아침을 먹기 위해 식당에 가는데, 어쩐지 그녀가 나를 뚫어져라 보는 듯했다. 무슨 일인가 싶어 다시 뒤돌아보니 전화번호부 두께만 한 책을 두 권이나 들고 다가와 의자에 깔더니 너무나 태연하게 나를 번쩍 올려 그 위에 앉히는 게 아닌가! 순식간에 일어난 일에 웃음이 터졌다. 대화도 제대로 통하지 않는 이 파란 눈의 할머니에게 내가 너무도 쉽게 들렸다는 당혹감과 생면부지인 나를 위해 이렇게 기발한 아이디어를 내어줬다는 고마움, 그리고 온 세상 할머니는 모두 똑같이 정이 많다는 사실에 웃음을 참을 수가 없었다. 까르륵 웃음을 터뜨리자 할머니도 자신의 아이디어가 흡족한 듯 함박웃음을 지었다. 유독 앉은키가 작은 탓에 전동 휠체어에서 내리면 식탁이 이마 높이까지 올라와 여간 불편한 것이 아니었는데, 그녀의 특급 서비스 덕에 편안하게 밥을 먹을 수 있었다.

할머니는 우리가 디종을 떠나던 날에도 걸어서 역까지 간다는 말에 깜짝 놀랐다. 15분이나 걸리는데 찾아갈 수 있겠느냐, 거기까지 어떻게 걸어가느냐 걱정을 잔뜩 늘어놓던 그녀의 순수하고 따뜻한 마음에 가슴이 뭉클했다. 그 마음이 여행을 계속할 수 있도록 힘을 북돋아주었다.

디종에 도착한 날은 비가 내렸다. 한 손에는 지도를, 다른 손으로는 캐리어를 끌어야 했기에 비를 고스란히 맞았다. 숙소를 찾는 데 온 신경을 쓰느라 디종의 첫인상을 제대로 느낄 겨를이 없었다. 그런 와중에도 내 눈에 쏙 들어온 것이 있었으니, 그것은 바닥에 붙어 있는 부엉이 모양 화살표였다. '부엉이 투어'에 대해 처음 들었을 때는 부엉이처럼 한밤중에 도시를 돌아다니는 관광 코스인 줄 알았는데, 알고 보니 마을 곳곳에 있는 부엉이 화살표를 따라 걸으며 디종의 역사가 담긴 장소를 돌아보는 투어였다. 부엉이만 따라가면 디종을 전부 둘러볼 수 있다.

　길 위의 작은 화살표를 따라 걷다가 부엉이가 나타나면 잠시 멈춰 주변을 구경하고 다시 화살표를 따라갔다. 부엉이는 큰길에서 골목으로, 성당에서 시장으로, 공원에서 시청으로 우리를 이끌었다. 끊임없이 바뀌는 풍경이 즐거웠다. 아무리 걸어도 다리가 아프지 않았다.

　윤영과 오랜만에 소소한 데이트를 즐겼다. 굳이 어딘가를 관광하려 애쓰지 않아도 좋았다. 길을 찾을 필요도, 가이드북을 볼 필요도 없다. 그저 이 낯선 마을에서 익숙한 손을 잡고 함께 걷는 것만으로 충분했다. 길거리 빵집에서 마카롱을 사 하나씩 입에 넣고, 시끌벅적한 시장에서 신선한 과일과 저녁거리를 샀다. 낙엽이 소복이 쌓인 공원을 걷다가 다리가 아프면 벤치에 앉아 뛰어다니는 강아지를 바라보았다. 여행이 아니라, 디종에 정착해 생활을 즐기는 기분이다. 우리가 결혼하면 평생을 이런 기분으로 살 수 있을까? 저 멀리 보이는 벤치에 앉아 있는 다정한 노부부가 우리의 황혼 모습이라면 좋겠다는 생각이 들었다.

해가 저무는 오후. 부엉이를 따라 디종 노트르담에 들렀다. 성당 벽에는 행운의 부엉이가 있는데, 세 번 쓰다듬으면 부엉이가 행운을 가져다준단다. 나는 남은 여행도 행복으로 가득 채워달라며 부엉이를 쓰다듬었다. 윤영에게는 부엉이가 너무 높아서 내가 안아 들어 올려 주었다. 자그마한 소리로 소원을 비는 그녀가 사랑스러워 입을 맞췄다. 벌써 부엉이에게서 행운을 선물 받은 기분이다.

"봉주르~."

　역무원에게 인사를 건넸다. 내일 디종에서 스위스 인터라켄으로 떠날 기차표를 예매하기 위해서였다. 준우는 목적지와 환승역, 휠체어 좌석 유무, 유레일패스 사용까지 빠짐없이 챙겨 주문했고 나는 앉은 키를 훌쩍 넘는 높은 창구 위에 겨우 눈만 빼꼼 올리고 있었다. 컴퓨터 자판을 타닥타닥 두드리던 직원은 아침 7시 기차와 오후 3시 기차, 저녁 8시 기차가 있다고 했다. 그러나 3시 기차는 휠체어 좌석이 만석이었고, 저녁 8시 기차는 중간에 갈아탈 필요가 없지만 유레일패스를 사용할 수 없다고 했다. 남은 7시 기차는 휠체어 좌석이 있으나 환승까지 주어진 시간이 4~5분으로 매우 짧아 리프트 서비스를 제공할 수 없다고 했다. 아무리 따져보고 고민해도 답은 하나였다. 저녁 8시 기차에 오르는 것. 나름 치밀한 계산 끝에 만든 유레일패스를 사용하지 못한 채 30유로의 추가 요금을 내야 한다는 사실에 속이 쓰렸지만 지금은 이게 유일한 방법이었다.

　한참 만에 발권 받은 티켓을 준우가 건네줬다. 그런데 당연히 있어야 할 'Handicapped Seat(휠체어 좌석)' 표시가 보이지 않는다. 이 미심쩍은 티켓을 확인하기 위해 우리는 다시 줄을 섰다. 처음 발권해준 직원의 업무가 길어지자 우리는 자연스럽게 옆 직원에게로 이동했다. 그것이 역무원 니콜과의 악연의 시작이었다.

　티켓을 내밀며 휠체어 좌석이 맞는지 확인을 부탁했지만 어째선지 그녀는 간단한 요청에도 뜸을 들였다. 자판을 두드리다가, 티켓을 들고 부스 안쪽에 있던 직원과 심각하게 토론한다. 그러고는 다시 두꺼운 규정집을 꺼내와 한참을 살펴보던 그녀는 드디어 결론을 내렸는지 더듬거리는 영어로 우리에게 설명하기 시작했다.

"당신들은 이등석을 예매했는데, 이등석에는 휠체어 좌석이 없어요. 그래서 당신들은 일등석으로 업그레이드해야 하고, 추가 비용을 각각 18유로씩 더 내야 합니다."

뜻밖의 상황에 어이가 없었다. 우리는 일등석을 원한 것이 아니라 휠체어 좌석을 원했을 뿐이다. 보통 휠체어 좌석을 일등석에 두는 이유는 휠체어를 공간이 협소한 일반석에 배치할 수 없는 열차 구조상의 한계 때문이다. 가장 바람직한 방법은 이등석에도 일등석에도 휠체어 좌석이 있는 것이겠지만 휠체어가 드나들 수 있는 유효 폭이 확보되어야 하고, 객차와 객차의 연결 부위마다 높낮이차가 있기 때문에 객차 한 칸에만 휠체어 좌석을 두는 것이다. 애초에 선택의 여지가 없기 때문에 휠체어 좌석이 일등석에 있어도 일등석 요금을 따로 받지 않는다.

그런데 그녀는 자신의 무지를 무기로 그 부담을 고스란히 우리에게 지우고 있었다. 도대체 업무 교육 시간에 무엇을 배운 것인가! 그때까지만 해도 그녀의 무지에만 화가 치솟았다. 어떤 이야기를 해도 그녀는 추가 요금을 내든지 아니면 다른 방법이 없다고 일관했다. 실랑이가 길어지자 주변이 술렁이기 시작했다. 옆에서 표를 사던 중국인 관광객이 무슨 일이냐며 끼어들었고 니콜은 그간의 사정을 설명했다. 이야기를 들은 중국인, 이렇게 말한다.

"중국어 할 줄 알아요?"

"아니요."

"좋아요, 그럼 영어로 할게요."

하지만 그 사람은 조금 더 명확하고 유창한 영어를 구사했을 뿐이지 니콜의 말을 앵무새처럼 되풀이했다. "여행을 계속하기 위해서 당신들은 정당한 지불을 해야 한다"는 말까지 덧붙이고서야 그의 참견은 끝이 났다.

중국인 여행자가 말하는 내내 팔짱을 끼고 흡족한 끄덕임을 반복하던 니콜은 이야기가 끝나자 한껏 예의를 갖춘 미소로 "땡큐"를 외쳤다. 그 순간, 나는 여행 최대의 모욕감과 무례를 맛보아야 했다. 그깟 18유로가 없어서가 아니다. 정당한 비용을 내지 않겠다고 떼를 쓰고 있는 게 아니란 말이다. 내가 어떠한 문제를 말하고 있는지, 자신이 지금 어떤 무례를 저지르고 있는지 눈곱만큼이라도 알았다면 그녀는 중국인 여행자의 참견을 막았어야 했다.

말문이 막혔고 치가 떨려 숨이 가빠졌다. 이 파렴치한들과는 단 한마디도 더 나누고 싶지 않았다. 표를 빼앗듯 돌려받아 무작정 역을 나섰다. 저들이 어떤 말을 지껄여도 상관없었다. 내일은 복도에 타고 가는 한이 있어도 나를 기차에 태우게 할 작정이었다.

다음 날 저녁 7시 30분. 계획대로 기차에 오르기 위해 리프트 서비스를 신청하는 안내 데스크로 향했다. 뮤지컬 〈레미제라블〉의 삽입곡인 '민중의 노래'를 작게 흥얼거렸다. 어쩐지 전의를 북돋아주는 선곡이라고 생각했다. 또다시 어떤 모욕적인 말을 들을지 몰랐지만 밤새 싸울 준비를 하고 나왔으니 충분했다. 땀이 나도록 쥐어 잡은 우리 두 손이 굳은 각오를 말하고 있었다.

심호흡을 하고 창구에 표를 건넸다. 그런데 이게 무슨 일인가! 적대적이었던 어제의 분위기는 온데간데없었다. 오히려 이런 식의 표를 받은 게 처음이 아닌 듯 한숨을 쉬더니 몇 번의 클릭으로 새로운 티켓을 만들어 우리에게 건넸다. 이번엔 확실하게 'Handicapped Seat'가 찍힌 것이었다. 일등석에 대한 언급이나 별다른 추가 요금 없이 그저 직원을 따라가라고 했다. 허탈함에 웃음이 났다. 이 당연한 티켓을 왜 이리도 어렵게 받아야만 했는지……. 기본적인 업무를 숙지하지 않은 직원이 단 한 명만 나타나도 이렇게 무참히 휘말릴 만큼 내가 특수한 상황에 놓여 있다는 사실이 씁쓸했다.

복잡한 심경에 휩쓸리려던 순간, 준우를 바라보았다. 그런데 놀랍게도 그를 보는 순간 이 먼 곳까지 함께 떠나왔다는 기쁨이 벅차올라 우울함을 밀어버렸다.

기차 문이 열렸고 리프트가 펼쳐졌다. 누구도 이 여행을 멈출 수 없다는 확신이 들었다.

* 대중교통

디종 중심부만 둘러볼 계획이라면 가볍게 걷기만 해도 충분하다.

마이크로 버스 노선에 따라 휠체어 탑승이 제한될 수 있으므로 탑승 전 확인이 필요하다.

트램 디종 역에서 출발하여 외곽으로 연결되는 지상철. 승차장에서 표를 구매할 수 있으며 턱이 없어 이용에 제한이 없다.

* 여기에 가볼까?

부엉이 투어 디종 대표 관광 코스. 마을 곳곳에 설치된 부엉이와 화살표를 따라다니며 마을의 역사적인 장소 및 주요 시설물을 구경할 수 있다. 가이드 투어를 이용하면 장소에 대한 해설을 들을 수 있다.

입장 시 특이 사항
• 디종 역 주변 관광안내소나 관광 안내 홈페이지에서 가이드 투어 신청 가능.
• 이왕이면 조금 이른 시간에 투어를 시작하자. 투어 코스에 시장이 있는데 오전에는 활기가 넘치지만 오후 2시쯤에는 하나둘 문을 닫는다.

디종 관광안내소 이용하기
디종 역에 있는 관광안내소에서 지도와 부엉이 투어 정보를 얻을 수 있다. 지도에는 공용 화장실과 부엉이 투어 방향이 표시되어 있다.
디종 관광안내소 홈페이지(http://www.destinationdijon.com)에서도 지도를 구할 수 있다. 뿐만 아니라 휠체어 접근성이 좋은 레스토랑과 호텔도 찾을 수 있다.

프랑스에서 ───〉 스위스로

"우리 맥주 마실까?" 준우가 말했어. 기차에서 화장실 가기가 얼마나 고생스러운지 아는 사람은 다 알잖아. 생각만 해도 귀찮은데 맥주의 그 '톡'하고 '뻥'할 때 뚫리는 청량감이 자꾸만 생각나서 유혹을 뿌리칠 수가 없는 거 있지. 우리는 무사히 기차에 올랐고, 새로운 곳으로 향하는 이 시점에 맥주만 한 것은 없을 거야. 자, 어서 맥주를 사 오렴!

피곤한데 잠이 안 와. 설렘과 흥분이 뒤섞인 오묘한 기분이야. 이 감정을 주체하기가 힘들어서 맥주를 마시고 싶었지. 스낵칸으로 가서 맥주를 달라고 하니, 맥주가 세 종류나 있대. 프랑스, 네덜란드, 오스트리아 맥주를 하나씩 꺼내서 보여줬어. 윤영은 어떤 맥주를 좋아하려나?
고민하고 있는데 바텐더가 어디서 왔냐고 물었어. 한국에서 왔다고 하니, 남쪽인지 북쪽인지 물었어. 이 사람들에게는 유일한 분단국가인 우리가 신기한 것이 당연한 걸지도 몰라. 바텐더는 남북한의 차이에 관해 많이 궁금해하더라. 내 짧은 영어를 그렇게 인내심을 갖고 들어주는 사람이 있다니 즐거웠어.
대화를 마치고 오스트리아 맥주를 들고 돌아오니, 윤영이 왜 이제 왔냐며 나를 찰싹찰싹 때렸어. 나는 영문도 모른 채 얻어맞았지.

몇 분만 더 빨리 오지 그랬어!! 준우가 자리를 비운 사이 작은 사건이 있었어. 역무원이 저만치서 다가오는데, 제발 오지 마라 오지 마라 주문을 그렇게 외웠는데도 내게 와서는 일행이 어디 갔느냐고 묻는 거야. 맙소사! 나의 언어 실력으로 말할 것 같으면 좀 복잡해. 일본어를 곧잘 하게 되면서 영어를 깔끔히 잊어버렸거든. 그래도 눈치코치는 빨라서 크게 걱정은 없었어. 어디에서건 나와 관련된 말은 철석같이 알아들었으니까. 아, 그런데 왜 말이 나오지 않는 걸까. 한참을 고민하다 내 입에서 나온 말이라곤 "고 투 어 바이. 어… 아니, 바이 어 비어!"

정말 최악이야. "바이 어 비어"라니! 그런데 어랍쇼? 이걸 또 알아듣네?! 준우가 돌아오자 괜히 민망하더라고. 이걸로 또 얼마나 놀릴까 싶어서 찰싹찰싹 때린 거야 뭐.

"바이 어 비어"라니! "고 투 바"라고 말하면 되지 않았냐고 한 게 더 매를 불렀어. 그렇게 맞는 와중에 식사가 왔어. 그런데 진짜 너무 맛이 없었어. 우린 그냥 맥주나 마시며 수다를 떨었지. 앞으로 남은 여정에 대한 기대와 지난 여행의 추억만으로도 안주는 충분했어.

어느새 창밖에 불빛이 하나둘 보이기 시작했어. 역무원이 오더니 이제 곧 도착할 거래. 아직 도시는 어둠에 잠겨 있었지만 윤영의 환한 미소를 보니 주변이 빛나는 것 같았어. 드디어 우리가 인터라켄에 도착했어!

chapter 3

스위스

언제부터 시작됐는지조차 희미해진 묵은 체증, 끈덕지게 괴롭히는 편두통은 알프스 설산 끝자락에 피어난 꽃 한 송이만 보아도 치유될 것 같았다. 그런데 나에게 또 하나의 속삭임 이 들려온다.

'전동 휠체어로 융프라우에 오를 수 있을까?'

궁금했다. 확인하고 싶다. 책상 언저리 먼지처럼 굴러다니던 빛바랜 꿈이 이제는 떠남의 열망과 설렘이라는 단비를 맞고 자라나 코앞에 있다. 어느새 스위스는 우리 두 사람을 단 단히 묶어주는 목표가 되어 있었다.

인터라켄

나는 유럽의 지붕에 오를 수 있을까?

기차가 차가운 어둠을 뚫고 멀어져간다. 양쪽에는 검은 산이 솟아 있다. 인적마저 드물어 여기가 경기도 어느 국도변은 아닐까 착각할 정도였다. 무엇보다 공기가 완전히 달랐다. 숨을 한 번 들이쉴 때마다 맑은 공기가 선명하게 느껴졌다. 서리를 맞아 녹녹하게 젖은 낙엽 향은 또 얼마나 달콤한지. 나는 단것을 처음 맛본 아이처럼 몇 번이나 멈춰 서서 숨을 들이쉬고 코를 킁킁거렸다. 숙소는 역에서 가까웠지만 이제는 로비의 미등만이 건물을 밝히고 있다는 것을 알아챈 준우가 "누나 빨리!" 하며 재촉했고, 나는 그제야 휠체어 속도를 높였다.

열려 있는 문틈으로 요란스럽게 들어서자 직원 한 명이 하품하며 나타났다. 그는 말하지 않아도 이미 사정을 다 알고 있다는 듯 달관한 얼굴을 하고서 형식적으로 이름을 확인했다.

"미스터 준?"

우리는 고개를 거세게 끄덕였다. 예약자 명단에 가장 늦게까지 남아 있던 이름이었을 것이 분명했다. 열쇠를 건네며 쿨하게 계산은 내일 하자고 한다. 원래 자신의 업무는 12시까지고 지금 매우 피곤하다면서도, 장애인 화장실과 샤워실은 같은 층에 있으니 편하게 사용하라는 말을 잊지 않았다. 편의시설이라니! 지금까지 여정에서 단 한 번도 먼저 언급된 적 없는 이야기였다. 혹시나 해서 물으면 역시나 난처한 표정에 "No"가 돌아오기 일쑤였다. 그래서 안심이 되면서도 낯설었다. 그동안 편의시설이란 개념도 잊은 채 먹고, 씻고, 화장실을 가는 일에 아등바등했던 시간들이 주마등처럼 스쳐 지나갔다.

예약된 방은 3층의 4인실. 언제나처럼 준우는 침대의 위층, 나는 아래층이었다. 미닫이문을 열자 어두운 방에 인기척이 느껴졌다. 더 이상 실례가 되지 않도록 조심조심 얼굴과 발만 닦고 휠체어를 구석에 세워둔 채 침대로 들어갔다. 내가 누워 있는 이곳이 스위스라니. 머릿속에 '땡!' 하고 종이 울리고 심장이 두근거린다. "잠은 다 잤군!" 혼잣말을 뱉는 찰나 강력한 나른함이 눈꺼풀을 덮쳤다. 순식간에 잠이 들었다.

다음 날 아침 부지런한 여행자가 떠나는 소리에 눈이 뜨였다. 나는 준우를 깨우지 않을 수 없었다. "준우야, 준우야, 어떡해! 저것 좀 봐!!" 여자 친구의 하이톤 알람에 이제는 이력이 붙은 준우도 부스스 일어나더니 말을 잇지 못했다. 얼굴에 쏟아지는 햇살을 좇아 창문으로 시선을 옮기자 블라인드 사이로 설산이 아른아른 모습을 내보이고 있었다. 준우가 벌떡 일어나 블라인드를 올리자 청록빛 산등성이에 새하얀 눈이 내려앉아 있는 광경이 더욱 선명히 보였다. 애시당초 전망 따위 고려하지 않고 예약한 호스텔에서 어떻게 이런 초호화 풍경이 보이는지. 아니, 그보다 이렇게 꾀죄죄하고 너저분한 꼴로 감히 신성한 융프라우의 형제들을 영접해도 되는지 몸 둘 바를 모르겠다. 누가 먼저랄 것도 없이 옷을 주워 입기 시작했다. 이왕에 비루한 행색을 들켜버렸다면 일단 아침부터 먹자!

1층에는 신선한 음식들이 뷔페식으로 차려져 있었다. 우리는 올림픽 출전을 준비하는 국가대표 선수처럼 시리얼, 토스트, 햄과 베이컨, 과일과 커피까지 차려진 것을 모두 쓸어 와 차근차근 성실하게 먹어치웠다. 다른 한국인들과 비교해도 단연 차이가 나는 많은 양이었는데 여행하며 급격하게 늘어난 내 식사량이 한몫했다. 입 속에 시리얼을 한가득 오물거리다가도 바깥에 펼쳐진 설산만 보면 엊그제 걸어둔 굴비를 보는 것마냥 입꼬리가 올라가고 식욕이 돋았다. 내가 평소에는 반 그릇도 채 먹지 못했던 사람이라고 말하면 누가 믿을까.

나는 더 참지 못하고 준우에게 손을 내밀었다. 준우는 내 손을 잡고 식당 뒷문으로 무작정 뛰어나갔다.

미운 오리 새끼, 백조가 되다!

인터라켄 이곳저곳을 다니다 브리엔츠 호수 위에 있는 유람선을 봤다. 저 배는 이제 막 도착했을까? 얼마나 많은 사람이 타고 있을까? 호기심이 일었지만 아무래도 상관없었다. 그때까지만 해도 유람선은 나에게는 풍경화를 보듯 호수에 떠 있는 눈요기에 불과했으니까. 그런데 저 멀리서 선원의 외침이 들렸다. "탈 건가요?"

그림의 떡 같던 풍경화가 일순간에 현실이 되었다. 우리는 마치 마법에 홀린 듯 "네~!" 하고 대답해버렸다. 그다음부터는 앞뒤 보지 않고 내달렸다. 경사로마저 날 기다리고 있었다는 듯 어디선가 '뿅!' 나타나 내 앞에 펼쳐졌다. 우리는 눈 깜짝할 사이에 유람선에 올라탔다. 달린 것은 준우와 전동 휠체어인데 내가 숨이 차서 헐떡였다.

이렇게 충동적인 선택을 한 적은 단 한 번도 없었다. 언제 어디서든 시간과 준비가 필요한 참 번거로운 삶이었다. 장애인 서비스는 복지 카드를 내밀어야만 작동했다. 담당자를 기다리고, 시설물이 작동하기를 기다리는 동안 나는 자연스럽게 사람들과 분리되었다. 한국에서 나는 미운 오리 새끼였다.

유람선에서 보는 풍경은 아름다웠다. 브리엔츠 호수는 투명한 옥빛이어서 물 위를 떠가는 것인지 하늘 위를 떠가는 것인지 도무지 분간이 안 될 정도였다. '달력에서 봤던 사진이 거짓이 아니었구나' 하는 싱거운 생각도 들었다. 호수는 끝이 보이지 않았다. 이 너른 호수를 한 마리의 백조처럼 미끄러진다. 언제든 마음만 먹으면 이 배에 오를 수 있는 자유로움이 너무나 좋다.

융프라우에 오르지 못하는 날에도

인터라켄에서는 지루할 틈이 없었다. 호수에만 나가도 백조와 오리 떼가 친구 하자며 달려들었고, 종소리가 울리는 성당에 들어서면 신부님의 목소리가 나긋나긋 울려 퍼졌다. 맛 좋은 스위스 초콜릿과 기념품을 파는 상점들은 접근성이 좋아 언제나 나의 발목을 잡았다. 융프라우요흐 말고도 오르고 싶은 곳은 왜 또 이렇게 많은지. 우리는 라우터부루넨행 기차를 타고 뮈렌에도 가보았다. 열차는 물론 뮈렌으로 가는 케이블카까지 휠체어 탑승이 안 되는 곳이 없었다.

인터라켄 동역에서 출발해 20분 정도를 가면 해발 806m의 라우터부루넨에 닿는다. 사람들은 뮈렌으로 향하는 길목쯤으로 여기지만 사실 라우터부루넨은 '울려 퍼지는 샘'이라는 뜻의 이름을 가진, 70여 개의 아름다운 폭포가 있는 마을이다. 특히 '슈타우프바흐'는 이곳을 대표하는 폭포인데 297m 높이에서 직각으로 떨어지는 힘찬 폭포수가 역에서도 보일 만큼 거대하다. 싱그러운 들판과 한가롭게 풀을 뜯는 염소들이 내는 워낭소리를 들으며 걷다 보면 어느새 폭포가 눈앞에 나타나 있었다. 이곳의 아름다움에 감동한 예술가가 한둘이 아니었다고 한다.

케이블카는 경사로 없이 탈 수 있고 내부도 넓은 편이지만 기차에서 내리자마자 케이블카에 탑승하는 것은 추천하지 않는다. 한꺼번에 탑승객이 몰려 앉은키가 낮은 휠체어 사용자는 바깥 풍경 감상이 어렵다. 이렇게 아름다운 곳에서 굳이 서두를 필요가 있을까. 북적이는 관광객 무리를 한차례 보내고 다음 케이블카를 타면 아름다운 알프스 산맥과 안개 속을 뚫고 가는 신비로운 풍경을 맘껏 볼 수 있다.

케이블카에서 내리면 바로 눈앞에 뮈렌으로 가는 기차가 대기하고 있다. 이 두 칸짜리 작은 열차에는 재미있는 비밀이 있다. 바로 휠체어 사용자는 기관사와 같은 칸에 타고 갈 수 있다는 것! 승객을 가득 태우고 달리는 기차의 기관사가 되는 상상을 누구나 한 번쯤은 해보지 않는가. 상상 속 장면이 그대로 재연된 듯 제복을 입은 기관사가 바로 내 눈앞에 앉아 있었다.

해발 650m의 고산 마을 뮈렌에서는 휠체어를 내릴 리프트가 필요 없었다. 기차는 일반 승객들을 모두 하차시킨 뒤 2m 정도를 더 움직여 단차가 사라지는 곳에서 나를 안전히 내려주었다. 이곳은 오히려 날씨가 흐린 날에 더 매력적인 곳이다. 자욱한 안개 속으로 들어가는 기분이 묘했다. 고산지대라는 것이 믿기지 않을 정도로 잘 정돈된 길과 반듯한 목조 주택 테라스에는 색색의 꽃들이 가지런히 수놓여 있었다. 가슴이 두근거린다. 마을을 거니는 동안 뭔가 비밀스럽고 기묘한 일이 일어날 것만 같다.

융프라우에 오르던 날!

숙소 로비에는 융프라우 상황을 종일 보여주는 모니터가 있었다. 우리는 모니터 앞에서 태양 아래 눈사람처럼 힘없이 녹아내리고 있었는데, 그 이유는 화면을 가득 채운 회색 돌풍 때문이었다. 화면에는 'Jungfrau'라는 글자가 선명했지만 그 외에는 아무것도 보이지 않았다. 화면 속 어딘가에 융프라우가 있을 텐데 저 사악한 먹구름은 모든 걸 집어삼키고는 시치미를 뗀다.

사실 하루 만에 융프라우 전망대에 오를 수 있을 것이라 기대하지는 않았다. 그러나 불안한 것은 어쩔 수 없었다. 막상 인터라켄에 도착하니 모든 물가가 우리 예상을 뛰어넘었는데, 우연히 발견한 한인 식당에서 김밥 한 줄이 20프랑(약 22,000원)인 것을 보고 깜짝 놀랐다.

숙박비와 식비가 비싼 이곳에서 그리 오래 머물지 못하리란 것은 자명했으니 조바심이 나는 것은 당연했다. 하지만 곧 묘한 오기가 꿈틀꿈틀 고개를 들었다. "꼭 보고 갈 거야!"라며 보이지도 않는 융프라우에 선전포고를 날렸고, 준우도 다른 곳의 일정을 줄여서라도 꼭 가자며 동의해주었다.

사흘을 기다린 아침, 세계는 달라졌다. 그렇게 느꼈다. 우리 방에 내려앉은 아침 햇살이 그랬고, 1층 로비를 가득 채운 분주한 발소리가 그랬다. 서둘러 방으로 돌아와 짐 가방을 몽땅 뒤집어 털었다. 챙겨온 옷들을 전부 주워 입을 심산이었다. 휠체어에 걸 수 있을 만큼만 짐을 챙겨 온 탓에 그 흔한 패딩 점퍼 하나도 없었다. 대신 신축성 좋은 얇은 옷들을 몇 겹이나 껴입었다. 장시간 앉아 있어도 몸이 불편하지 않도록 한 벌 한 벌 정성스레 입었다. 융프라우 전망대까지 리프트 서비스가 틀림없이 제공되는 것을 몇 번이나 확인했는데도 어째선지 몸을 가만둘 수 없을 만큼 초조했다. 그렇게 우리의 심장 쫄깃해지는 융프라우 등정이 시작됐다.

고도가 높아져 귀가 먹먹해질 때쯤 그린델발트에서 첫 번째 환승을 했다. 녹지가 완전히 사라진 순백의 세상에 들어서자 기차는 또 한 번 멈춰 섰다. 클라이네 샤이데크. 융프라우로 향하는 두 번째 환승역이었다. 제법 많은 사람이 모여 있었지만 그들의 대화 소리마저 고요하게 들릴 만큼 우리는 거대한 자연 속에 있었다. 새파란 하늘에 하얗게 새겨지는 입김을 후후 불며 노닐고 있는데 갑자기 정적을 깨는 굉장한 기계음이 들렸다. 우다타타타! 저쪽에서 시동이 걸린 지게차가

막 움직이고 있었다. 설마?

  내 직감은 왜 단 한 번도 틀린 적이 없을까. 그 커다랗고 낯선 기계가 모두의 주목을 받으며 내 앞에 섰을 때 나는 생각했다. '살다 살다 이제는 지게차도 타보겠구나!'라고.

  세상에는 참 많은 탈것이 있다. 휠체어가 올라설 수 있도록 저절로 계단이 사라지는 에스컬레이터라든가, 거대한 톱니바퀴가 달린 전동 수레라든가. 휠체어로 계단을 오르기 위해 나름 특이한 것들은 다 타봤다 자부했는데, 생각지도 못한 전개에 웃음을 멈출 수 없었다. 그런 나를 보고 직원들도 따라 웃었다. 경사로를 둘러싼 사각의 난간이 안전해 보이긴 했지만 전동 휠체어와 나를 한꺼번에 지게차로 떠서 레고를 조립하듯 기차 상자에 집어넣는 모양새가 너무나 재밌어서 기차에 올라서도 한참을 웃었다. 이 높은 산속에서도 기발한 방법으로 우리가 융프라우까지 갈 수 있도록 해준 그들이 너무나 고마웠다.

전동 휠체어에 타고 있는 것은 참 다행이었다. 휴대용 산소호흡기를 손에 쥔 채 여기저기 널브러져 있는 사람들을 보고서야 3,000m 높이에서 숨쉬기가 얼마나 버거운 일인지 깨달았다. 건강을 자부하던 준우마저도 거친 숨을 몰아쉬니 혼자만 평온한 것이 미안할 정도였다. 바람 빠진 풍선처럼 폐활량이 부족한 내가 이토록 고른 숨을 유지할 수 있는 것은 손가락 하나만 까딱해도 로비에서 전망대 끝까지 한걸음에 달려갈 수 있는 전동 휠체어 덕분이었다. 여기 누워 있는 사람들에게 전동 휠체어를 빌려준다면 어떨까? 꽤 괜찮은 사업이라는 생각이 들었다.

내내 호흡 곤란을 느끼던 준우는 스핑크스 테라스에서 바깥바람을 쐬더니 조금 나아졌다며 어서 '그것'을 맛보자고 했다. 소문으로만 들었던 한국 컵라면! 사악한 가격에는 혀를 내둘렀지만, 유럽의 가장 높은 곳에서 한글이 선명하게 적힌 라면이라니 뜬금없는 애국심이 불타오르고 군침이 돈다. 우리는 쓰러져 있는 여행객들 속에서 매운 냄새를 한껏 풍기며 컵라면을 와구와구 먹어댔다. 회복력 좋은 준우, 나의 든든한 전동 휠체어까지 우리는 여행에 특화된 막강한 팀이었다.

이번 여정의 절정! 융프라우 전망대의 끝판왕 플라토! 엘리베이터 안에서는 직원의 걱정스러운 당부가 한창이다. 플라토는 사방이 개방된 융프라우 고원지대인데 휠체어 로드가 따로 없으니 바퀴가 빠지거나 미끄러질 수 있다는 이야기를 쉴 없이 반복하고 있다. 틀린 말은 아니지만 나는 사춘기 반항아처럼 마음이 삐죽삐죽해져 말이 잘 들리지 않았다. 실은 겁이 나서 이곳을 마음껏 누리는 것을 주저하게 될까 두려웠다. 오직 오늘을 위해서 비싼 타이어를 큰맘 먹고 바꿔 오기까지 했는데! 더 이상 물러설 수 없다. 나머지는 조이스틱을 잡은 내 손과 힘찬 모터가 알아서 해줄 것이다.

어서 만년설 속으로 뛰어들고 싶어 인내심이 밑바닥을 드러낼 때쯤 엘리베이터 문이 열렸다. 사방이 뻥 뚫린 눈부신 설원이 내게로 쏟아진다. 나는 스스로 의식하기도 전에 눈밭으로 뛰어들고 있었다. 말로는 설명할 수 없는 강렬한 충동이었다. 경주마처럼 뛰쳐나간 휠체어는 다행히 눈 위에 사뿐히 내려앉았고, 스태프와 준우의 환호가 뒤에서 희미하게 들려왔다. 강한 염원 덕분이었을까. 다행히 플라토의 지면은 스키장의 눈처럼 오도독오도독 단단히 다져진 상태였다. 휠체어는 내가 원하는 방향대로 설원을 힘차게 달려주었고, 눈앞에는 그토록 바라던 융프라우가 하얗게 웃고 있다.

나는 멈추지 못했다. 지금까지 본 적 없는 새파랗고 새하얀 세상이 너무나 황홀해서, 가까워진 태양이 너무나 따스해서, 사랑하는 사람과 드디어 꿈을 이룬 것이 믿기지 않아 어린아이처럼 플라토를 달리고 또 달렸다.

"나는 멈추지 못했다.
지금까지 본 적 없는 새파랗고 새하얀 세상이 너무나 황홀해서,
가까워진 태양이 너무나 따스해서."

호스텔 휴게실은 저녁을 먹기 위한 인파로 가득했다. 각자 컵라면과 도시락을 앞에 두고서 여행 이야기를 나누느라 시끌시끌했다.

　　"내일은 브리엔츠 유람선을 타려고요."

　　한 여성의 목소리가 귀에 들어왔다. 어제 우리가 탔던 바로 그 유람선이었다. 아름다웠던 브리엔츠 호수의 풍경을 눈에 그리며 귀를 쫑긋 세웠다.

　　"에이, 거기 별로예요. 나는 돈이 아깝던데."

　　"아, 그래요?"

　　"네. 차라리 다른 데를 가지 그래요? 난 완전 비추야 비추."

　　"그럴까요? 으… 그럼 어디 가지?"

　　당황스러웠다. 자신은 돈이 아까웠으니 당신도 그럴 것이라 단정하며 말하다니. 결국 그분은 유람선을 타지 않기로 했다. 얼마나 무서운 일인가. 누군가의 한마디가 타인의 소중한 경험 기회와 의지를 꺾은 것이다. 그리고 그녀는 브리엔츠 호수에 대해 "가보지는 않았지만 별로라고 하더라"라고 말하겠지.

　　여행 이야기를 나누다 보면 어디는 좋았고 어디는 별로였다는 '주관적 평가'를 많이 듣게 된다. 어디가 좋았다는 사람들은 특별한 이유를 말하지 않는다. 그냥 좋았다고 말할 뿐이다. 별로라고 말하는 사람들은 제각각의 이유를 대지만 그것도 결국 주관적인 의견에 불과하다. 그 말들은 정답이 아닐뿐더러 경험이 없는 사람에겐 편견을 심을 수도 있다. 세상의 모든 여행지가 그렇다. 누군가에게는 환상적이고 아름답더라도 또 다른 이에게는 두 번 다시 떠올리고 싶지 않은 곳일 수도 있다.

여행지를 섣불리 판단할 필요는 없다. 정보를 충분히 얻는 것은 중요하지만 여행에서 제일 필요한 것은 열린 마음이다. 우리에게 행복감을 선사해준 아름다운 브리엔츠가 한순간에 매도당하는 것 같아 가슴이 아팠다. 브리엔츠의 사진을 보며 마음속으로 위로해주었다.

"너를 별로라고 하는 사람도 있지만, 누군가는 세상에서 가장 아름다운 호수로 기억할 거야. 너는 그만큼 아름다운 존재야."

나는 죽을 뻔했다

이곳에 오기까지 얼마나 힘들었는지 모른다. 마음 같아선 인터라켄에 도착하자마자 오고 싶었지만, 악천후로 이틀을 그냥 흘려보냈다. 그리고 마침내 기차로 세 시간을 달려서 도착한 곳! 해발 3,454m로 유럽에서 가장 높은 기차역 융프라우요흐였다.

설레는 마음으로 기차에서 내려 주위를 둘러본다. 산을 깎아 만든 터널의 공기가 조금 매캐하다. 신나서 발을 동동거리며 조금 뛰었더니 숨이 턱 막혔다. 숨을 크게 들이마셨지만 원하는 만큼 공기가 들어오지 않는다. 들숨을 크게 쉬자 오히려 날숨이 더 힘들어졌다. 한 번도 경험한 적 없는 답답함이었다. 숨통이 더 조여들기 전에 로비로 들어섰다. 그제야 숨이 조금 편해졌다. 실내의 따뜻한 공기를 마시며 가슴을 쓸었다. 하지만 그것은 앞으로 다가올 고난의 예고편이었다.

로비에서 전망대로 가는 길은 좁고 길었다. 초등학교 시절 안보 교육으로 다녀온 파주 땅굴 속을 걷는 것 같았다. 세 명이 나란히 서면 길을 완전히 막을 수 있을 정도였다.

처음은 그럭저럭 괜찮았다. 스핑크스 전망대에서 배가 고파진 우리는 로비로 돌아와 라면을 먹고 '알파인 센세이션'으로 가기 위해 다시 터널로 들어섰다. 조금이라도 빨리 가고 싶은 마음에 걸음을 서두르자 머리가 핑 돌았다. 몇 걸음 만에 왼쪽 벽이 기울어지더니 땅이 팽그르르 돌아가는 것이 아닌가. 나는 윤영의 휠체어를 잡고 버텼다. 잠깐 멈춰서 숨을 고르는데 가슴에 장막이 쳐진 듯 공기가 들어가지 않았다. 머리가 지끈거렸고, 걸음을 떼기 힘들었다. 천천히 걸으면 터널의 끝이 흐릿하게 가물거렸고 빨리 걸으면 여기가 내 인생의 마지막일 것 같았다. 물을 들이켰지만 그대로 토할 것 같았다. 거우 3~5분이면 끝나는 길인데 꿈속을 걷는 듯 끝이 보이지 않았다. 터널 끝에 넓은 공간이 나타났을 때 공기가 확 들어왔다. 자리에 주저앉아 숨을 몰아쉬었다. 윤영은 힘들면 돌아가겠냐고 물었지만 나는 다시 돌아갈 자신이 없었다.

그녀는 나를 걱정했다. 체력이라면 자신이 넘치던 내가 금방이라도 쓰러질 듯 비틀거렸으니 오죽했을까. 윤영을 무릎 위에 앉히고 내가 휠체어를 타고 싶을 정도였다. 그 뒤로도 한 걸음, 한 걸음 집중해서 걸었다. 조금만 속도를 낼라치면 머리가 지끈하며 온몸에 브레이크가 걸렸다. 과속하면 죽는다는 경고음이 울리는 듯했다.

하지만 진짜 죽을 뻔한 곳은 따로 있었다. 바로 얼음 궁전. 입구에 리프트가 있길래 작동이 가능한지 살피려고 계단을 내려갔을 때 찬 공기가 갑자기 가슴으로 훅 들어왔다. 전시된 얼음 조각상이 녹지 않도록 설정된 낮은 온도가 문제였을까. 기침이 나오는데 눈알이 튀어나올 것 같았다. 빨리 나가고 싶었다. 터널에서의 고통은 지금의 절반에도 못 미친다. 다리는 움직이는데 앞은 흐릿했고 목구멍은 무엇이든 쏟아낼 것 같았다. 거의 기어서 얼음 계단을 오른 뒤 윤영에게 이끌려 얼음 궁전을 간신히 빠져나왔다. 호흡이 조금 편해졌지만, 명치를 세게 얻어맞은 듯 가슴이 욱신거렸다. 대체 산악인들은 이 고통을 어떻게 견디는지 놀랍기만 하다.

다행히 고산병은 플라토에 오자 끝났다. 신선하고 개운한 공기가 빈자리를 찾아 들어왔다. 종이를 적시는 물처럼 가슴에 스미는 맑은 공기! 더는 숨이 막히지 않았다. 머리가 맑아졌고 시야가 밝아졌다. 다행이다. 여긴 내 무덤이 아니다.

로비로 돌아오니 벤치와 바닥에 앉아 휴대용 산소호흡기를 입에 물고 쉬고 있는 사람들이 새삼 다시 보였다. 다들 나와 같은 고통으로 생사의 갈림길을 지나왔으리라. 휴대용 산소호흡기는 매점에서 팔고 있는데, 만 원 조금 넘는 가격이 목숨 값이라 생각하면 그리 비싸지 않은 것 같다. 나도 조금 더 무리했다면 산소통 하나 물고 기차나 기다리고 있었을지 모른다고 생각하니 등골이 오싹했다.

플라토의 행복한 연인

플라토로 연결되는 엘리베이터를 안내하는 직원은 지면이 눈 때문에 미끄러워서 휠체어가 넘어질지도 모른다며 괜찮겠냐고 물었다. 물론 내가 아닌 윤영에게. 하지만 그녀는 엘리베이터에서 내리자마자 눈밭을 향해 빛의 속도로 달려 나갔다. 윤영의 열기가 너무 뜨거워 만년설도 녹여버릴 기세였다. 그녀의 뒷모습을 본 직원은 입을 쩍 벌렸다. 그리고는 엄지를 치켜세우며 "Awesome!"이라는 한마디를 남기고 돌아갔다.

윤영은 눈을 좋아하지만 한편으로는 두려워한다. 눈을 가지고 놀때는 어린아이처럼 신난 모습이 너무나 귀엽지만, 서울에 눈이 내리면 휠체어가 미끄러진다며 잔뜩 긴장한다. 그런 날이면 목까지 뻐근해져 힘들어한다.

하지만 오늘, 벌써 저만치 뛰쳐나가 나를 부르는 그녀의 눈빛에 두려움은 없었다. 오히려 자신이 여기에 와 있는 것이 믿기지 않는다는 표정이다. 그녀의 눈에 기쁨의 눈물이 살짝 맺혀 있었다. 어서 휠체어에서 내려달라고, 빨리 눈을 밟고 싶다며 내 옷자락을 끌어당겨 보채는 그녀가 너무나 사랑스러웠다.

윤영을 안으니 두꺼운 옷을 입었어도 그녀의 가슴이 쿵쿵 뛰는 것이 느껴졌다. 비록 눈 위에 발을 올려보는 것이 다였지만 그녀의 얼굴에서 웃음이 떠나질 않았다. 물론 내 얼굴에서도 흥분을 감출 수 없었을 거다. 우리는 세상에서 가장 행복한 커플이었다.

* 대중교통

유람선 호수 건너편으로 이동할 계획이라면 유람선을 이용하자. 툰 호수와 브리엔츠 호수 두 곳에서 유람선을 탈 수 있으며, 툰 호수 유람선은 인터라켄 서역에서, 브리엔츠 호수 유람선은 인터라켄 동역에서 출발한다.

버스 인터라켄 동역을 기점으로 운행한다. 모든 버스가 저상버스이다. 인터라켄 시내는 넓지 않아서 시내에만 머문다면 굳이 버스를 이용할 일은 없다.

산악열차 인터라켄 동역에서 출발한다. 장애인은 무료로 이용할 수 있다. 열차와 승차장의 높낮이차가 없어 경사로 없이 탑승할 수 있다. 열차는 라우터부루넨, 그린델발트, 클라이네 샤이데크를 거쳐 융프라우요흐까지 운행한다.

* 택시

Bodeli Taxi 인터라켄에서 부를 수 있는, 휠체어 접근이 가능한 장애인 콜택시. 홈페이지나 전화를 통해 예약할 수 있다.

홈페이지 : http://boedelitaxi.com
전화 : +44 (0)20 3585 4040

장애인을 위한 인터라켄 여행 가이드
인터라켄 관광청 홈페이지에서 내려받을 수 있다. 인터라켄에서 장애인 관광에 필요한 교통, 하이킹, 스키, 식당, 호텔, 화장실 위치 등 포괄적 정보를 담고 있다.
+ 홈페이지 : http://interlaken.ch/en/information-and-journey-to-interlaken/
travel-tips-interlaken/disabled-excursions.html

✻ 여기에 가볼까?

융프라우 전망대 유럽의 지붕이라 불리는 융프라우를 바라볼 수 있는 전망대. 해발 3,454m의 높이를 자랑한다.

산악열차 이용해서 가기
- 인터라켄 동역에서 출발하는 산악열차를 타고 이동한다. 기차는 라우터부루넨과 그린델발트행으로 나뉘지만 어떤 열차를 타든 융프라우요흐에 도착하는 시간은 같다. 이동 시간은 편도 약 2시간 30분~3시간.

입장 시 특이 사항
- 장애인은 기차 이용 및 입장 무료.
- 여행사에서 티켓을 구입하는 비장애인은 여행사에서 제공하는 컵라면을 포함해 할인 쿠폰을 받을 수 있다. 하지만 장애인은 무료 탑승이므로 할인 쿠폰이 적용되지 않는다. 매점 컵라면은 값이 비싸고 뜨거운 물과 젓가락 하나까지 돈을 내야 하니, 여비를 절약할 요량이라면 컵라면과 젓가락쯤은 챙겨 가자.
- 얼음 궁전과 플라토로 가는 리프트와 엘리베이터에 잠금장치가 되어 있는데, SOS 버튼을 누르면 가까이에 있는 스텝이 달려와 작동시켜준다.

편의시설
- 열차를 타는 곳과 로비에 장애인 화장실이 있다. 전망대와 건물 내부의 엘리베이터는 자유롭게 이용할 수 있으나 얼음 궁전의 휠체어 리프트, 플라토로 가는 엘리베이터는 직원의 도움을 받아야만 이용할 수 있다.

뮈렌 안개 속 동화 마을 같은 뮈렌은 비르그, 쉴트호른으로 가는 거점 마을이다. 공기가 깨끗하고 자연이 훼손되지 않아 산책하기 아주 좋은 곳이다.

이동 방법
- 라우터부루넨에서 케이블카를 이용한다. 케이블카에서 내려 뮈렌으로 가는 기차를 타자. 이후 이정표를 따라 2km 정도 걸으면 비르그, 쉴트호른으로 이동하는 케이블카도 이용할 수 있다.

편의시설
- 케이블카, 산악열차 모두 휠체어 탑승 가능. 케이블카 타는 곳에 장애인 화장실 있음.

유람선 인타라켄 동역은 브리엔츠 호수, 인타라켄 서역은 튠 호수가 가까이에 있다. 두 곳 모두 유람선을 타고 호수 건너편인 브리엔츠와 튠으로 이동할 수 있다. 튠 호수 유람선은 스피츠 역을 거치며 편도 2시간, 브리엔츠 호수 유람선은 편도 1시간 20분이 소요된다.

입장 시 특이 사항
• 탑승 시 경사로 제공.
• 유람선은 유레일패스와 스위스패스를 이용해 할인받을 수 있다. 만약 유레일패스를 사용하고자 한다면, 기차역에서 미리 개시해야 한다. 개시되지 않은 패스로는 할인을 받을 수 없다.

❶ 스위스 화폐
스위스의 공식 화폐는 유로가 아닌 '스위스 프랑'이다. 물론 인타라켄에서도 유로를 사용할 수 있지만, 유로로 계산한 뒤 거스름돈은 스위스 프랑으로만 받을 수 있다. 스위스에서 오래 머물거나 인타라켄이 아닌 다른 도시를 여행할 계획이라면 상관없지만, 짧은 일정을 계획했다면 스위스 프랑은 처치 곤란이 된다. 특히 동전은 유로와 생김새가 비슷하여 섞여버리면 헷갈리기 쉽다. 그래서 큰돈을 사용하기보다 5~10유로 등 상대적으로 적은 돈을 이용해 계획적인 소비를 할 것을 권한다. 여의치 않다면 카드를 사용하자.

❷ 기차 이용 팁
인타라켄에서 슈피츠, 베른, 혹은 프랑스와 이탈리아, 독일 등으로 이동하기 위해서는 산악열차가 아닌 일반 기차를 이용해야 한다. 인타라켄 동역에는 장애인 서비스 센터가 별도로 없다. 기차를 예약하면 휠체어 탑승을 도와주는 업체의 전화번호를 알려주는데, 하루 전에 통화하여 서비스를 예약할 것을 추천한다. 출발 당일 연락하면 추가 요금을 요구하는 경우도 있다.

스위스에서 〰〰〰〰〰〰 ⟩ 이탈리아로

인터라켄을 떠나 베네치아로 가는 날은 눈물 나기 딱 좋은 날씨였어. 헤어질 땐 냉정해야 해. 눈을 질끈 감았더니 이곳의 새파란 하늘과 극명하게 대비되는 새하얀 설산이 더욱 또렷해지는 거 있지? '꿈에서라도 다시 올 수 있을까⋯⋯.' 청승맞게 이런 생각을 하다가 눈물 콧물이 앞다투어 나오기 시작했어. 준우라면 추워서 그런 거라고 못 본 척해주겠지?

여행하며 언젠가 다시 와보고 싶다고 느낀 곳은 있지만, 떠나기 싫다는 감정이 든 것은 처음이었어. 윤영은 빠르게 지나가는 풍경에 눈을 떼지 못했고 이따금 한숨을 쉬곤 했어. 그녀의 손을 꼭 잡아주었어. 내가 해줄 수 있는 건 없었거든.

스위스에 사는 어떤 이들은 이곳이 지루하다고 말한다지만, 나는 고향을 선택할 수 있다면 일말의 망설임도 없이 이곳으로 정했을 거야! 깨끗한 공기가 내 지긋지긋한 호흡기 질환을 단번에 고쳐주었거든. 하지만 이곳에 계속 머물 수 없다는 걸 알아. 그렇다면, 깨끗하고 넓은 장애인 화장실이라도 싸서 들고 가면 안 될까? 물론 말도 안 되는 소리지만… 하하. 결국 준우 손에 질질 끌려가는 아름답지 못한 이별을 했지만, 그렇지 않았다면 기차를 놓치고 말았을 거야.

기차를 갈아탔어. 이제 진짜 스위스를 떠나는구나, 실감이 났어. 그제야 미처 못 한 것들이 아쉬웠어. 초콜릿을 더 살 걸 그랬나. 하이킹을 해볼 걸 그랬나. 후회가 남았지만 어쩔 수 없었어. 이탈리아에서 새로운 모험을 하자며 마음을 다잡았지. 한참 감상에 빠져 있는데 승무원이 다가왔어. 그는 표를 확인하고는 이렇게 묻더라. "도모도솔라에 전화했죠?"
나는 인터라켄에서 서비스를 요청해놓았으니 환승역인 여기도 연계가 될 것으로 생각했지. 그래서 요청은 했지만, 전화는 하지 않았다고 말했어. 그런데 전화한 것으로 알아들었나 보더라고. 엄지를 척! 치켜세우고는 가버렸어. 좀 어이가 없었어. 하지만 도모도솔라가 마지막 역이니까 어떻게든 내릴 수 있을 거라고 생각했어. 그게 참, 얼마나 안일한 생각이었는지……
막상 역에 도착했는데 리프트가 준비되어 있지 않았거든. 그래서 근처의 승무원을 불러서 리프트를 준비해달라고 했어. 그랬더니 당황하며 리프트를 준비해줬어. 아까 그 엄지 척! 승무원이 "아까는 전화했다고 했잖아!"라며 까칠하게 따지더라고.

내가 정말 서러워서 진짜! 그 사람이 한국어만 알아들었어도 더는 아무 말도 못 하게 해줄 텐데! 이곳에 도착하기 전까지 이탈리아의 예약 방식에 대해 알려주는 사람이 하나도 없었거든. "짠! 여러분, 놀라셨죠?" 하며 내가 휠체어를 들고 내려올 거라고 생각하기라도 한 거야? 구분하거나 특정하지 말고 휠체어를 타고 있는 고객이 보이면 누구라도 서비스를 제공해줬으면 정말 좋겠어.

나는 스위스에 있었다고, 외국인인 내가 전화를 어떻게 하겠냐고, 전화해야 하는지도 몰랐고 번호도 모른다고 말했어. 그랬더니 그가 뭐라는지 알아? 이곳은 스위스가 아니라 이탈리아이고, 서비스를 이용하려면 24시간 전에 전화로 요청해야만 한다는 거야. 그러는 당신은 장애인이 한국에서 어떻게 서비스를 요청하는지 아느냐고 따지고 싶었어. 하지만 싸울 시간에 안내 창구를 찾아가는 것이 우선이었어.

그런데, 우리에게 어떤 일이 일어난 줄 알아? 절망과 불행으로 가득 찼던 도모도솔라를 행복과 기회의 땅으로 변화시켜줄 은인이 나타났어! '사라블루(SALA BLU)'라고 적혀 있는 허름한 안내 사무실을 찾아갔을 때, 그를 만났어. 그는 판타지 소설에 사주 등장하는 난장이 드워프를 똑 닮았어. 잔뜩 기름때가 묻은 작업복도 그렇고, 다부진 몸과 부리부리한 눈매 그리고 시원시원한 성격까지!

그는 앞서 만난 사람들과 달랐어. 단 한 번도 "왜?"라고 묻지 않았거든. 대신 "괜찮다"라고 말할 뿐. 나를 위해 이곳저곳에 전화를 거는 중에도 발을 동동 구르고 있는 우리와 눈이 마주칠 때면 안심하라는 듯 미소 지어줬어. 지구 반대편에서 생전 처음 만난 사람에게 모든 걸 의지하고 있다는 것이 신기하고 감사했어. 밀라노행 기차가 출발하기 직전 연락이 모두 닿았다며 뛰어나온 그가 너무나 해맑은 표정으로 "이 낡은 열차에는 리프트를 사용하기 어려워"라고 말하기 전까지는 말이야.

다시 정신이 아득해졌어. 하지만 드워프 씨는 자신의 알통을 보여주며 자기를 믿어보래. 동료들을 불러 모았는데 모두 걱정스러울 정도로 가냘파 보였어. 결국 준우까지 합세해 장정 네 명이 휠체어를 들어 올리는데, 벤치로 옮겨 앉아 이 장면을 지켜보고 있던 나는 그 누구도 다치지 않기를 빌고 또 빌었어. 다행히 휠체어와 나는 무사히 기차에 올랐고, 드워프 씨는 기차 안까지 따라 들어와 자신의 휴대전화로 확인 전화까지 걸어주고 나서야 안심이 되었는지 작별 인사를 건넸어. 너무나 고마운 그에게 비상식량으로 가지고 있던 초콜릿 한 조각이라도 전하지 못한 것이 지금도 미안해.

 드워프 아저씨와 악수했어. 내가 그에게 뭐라고 할 말이 있었겠어. 그저 고맙다는 말만 되풀이했지. 여행을 도와줘서 고맙다고. 또 고맙다고.
그럼 나머지 여정은 평탄했냐고? 아니, 전혀. 여기서 끝이 아니야. 그렇게 도착한 밀라노에서 다시 베네치아로 가는 기차도 만만치 않았거든. 이탈리아의 철도 시스템을 잘 몰랐던 우리는 승무원과 실랑이했고, 끝까지 우여곡절이 많았어. 이 책에 실어놓은 정보를 여행 전에 미리 알 수 있었다면 얼마나 좋았을까.

tip

이탈리아 기차 이용하기
이탈리아에서 기차를 이용할 때는 유레일패스가 있어도 장애 유무와 상관없이 사전 예매가 필수며 수수료 10유로를 내야 한다. 이탈리아의 모든 기차역에는 'SALA BLU'라는 탑승 지원 부서가 따로 있으니 이곳에서 장애인 좌석 안내 및 리프트 서비스 예약을 하면 된다.
최소한 출발 하루 전에 기차역에 가자. SALA BLU에서 출발역과 도착역을 말하면 원하는 기차에 휠체어 좌석이 있는지 확인하고 리프트 서비스까지 예약해준다. 이 작업이 완료되면 예매 창구로 가서 SALA BLU에서 알려준 대로 결제를 진행한다. 반드시 SALA BLU를 거친 후 예매 창구에서 결제를 끝내야 기차를 이용할 수 있다. 당일에는 출발 30분 전까지 도착하여 SALA BLU에서 대기하면 된다.

chapter 4

이탈리아

여행을 마치고 한참 뒤에야 우리의 이탈리아 여정이 17~18세기 영국 상류층 중심으로 유행했던 '그랜드 투어'와 닮았다는 것을 알았다. 그랜드 투어는 젊은 귀족 자제들이 프랑스를 거쳐 이탈리아 피렌체와 궁극의 목적지인 로마로 향하면서 르네상스 예술을 익히고 높은 소양을 쌓기 위해 떠나는 유학 방식이다. 모두가 여행할 수 있게 되면서 소수의 특권이었던 그랜드 투어는 빛을 잃었지만, 휠체어를 탄 나는 21세기가 되어서야 이곳에 발을 들였다. 준우와 나는 계단 하나에 울고 젤라또 하나에도 웃는 우리만의 그랜드 투어를 하고 있었다.

베네치아
물 위로 피어난 달빛 도시

"열 군데 넘는 민박집에서 퇴짜 맞는 거, 이거 아무나 못 해볼걸?"

머쓱하게 던진 한마디 농담에 두 사람의 헛웃음만 공허하게 울렸다가 금세 적막에 빠진다. 마지막 희망을 걸었던 민박집에서 지금 막 미안하다는 답변이 돌아온 참이다. 어쩜 한 군데도 빠짐없이 계단이 있다는 걸까. 이유가 명확하니 더는 협상을 이어나갈 것도 없다.

'진짜 베네치아에 가도 될까?'

우리는 자신감 하락 급행열차를 타고 지하 끝으로 치닫고 있었다. 생각해보면 물 위의 도시 베네치아에 계단이 많은 것은 이상한 일이 아니다. 침수되지 않으려면 건물을 수면에서 최대한 띄워 짓는 게 당연할 테고 계단은 높은 지면을 오가는 가장 쉬운 수단이었을 것이다. 겨우 이성을 되찾기 시작했을 때, 다시 메시지가 왔다.

"본섬은 거의 다 계단이에요. 다른 지역의 숙소를 알아보시는 게 어때요?"

단박에 거절하는 것이 마음에 걸렸는지 민박집 주인이 현실적인 방안을 내놓았고, 우리는 그 친절한 제안을 받아들이기로 했다. 베네치아를 향해 똑같은 꿈을 꾸고 있을 여행자들을 기차에 남겨두고, 준우와 나는 베네치아 본섬 산타루치아 역이 아닌 베네치아 메스트레 역에서 내렸다. 이제는 우리만의 길을 걸어야 할 때였지만, 길을 찾는 것조차 어려워서 역 주변에서 한참을 맴돌아야 했다. 철로를 건너 반대편으로 가야 했는데 엘리베이터도 경사로도 보이지 않았던 것이다. 어디선가 바람처럼 나타난 역무원이 바깥까지 나와서 사라블루 직원도 경찰도 찾아주지 못한 경사로를 찾아줬을 때는 얼마나 기쁘던지 그의 손을 덥석 잡고 있는 힘껏 악수했다. 우리는 길 위에 어둠이 내려앉고서야 숙소로 향할 수 있게 되었다.

베네치아 여행 기간 동안 묵게 될 곳은 시즌 마감으로 저렴해진 캠핑장이었다. 역에서 한참을 걸어야 하고, 휠체어를 세워둘 데가 여의치 않아 카운터에 맡겨야 했지만 장애인 화장실, 샤워실, 세탁실까지 갖추고 있는 곳이었다.

"정말 감사한 분이야."

"응?"

"우리에게 조언해준 그 사장님 말이야. 1박에 18유로라니! 본섬을 포기하니까 정말 말도 안 되는 가격으로 숙소를 얻게 됐잖아?"

"준우야, 우리 밥 먹어야겠다."

해맑게 말하는 준우의 입술은 하얗게 질려 노란 낯빛과 대조를 이루고 있었다. 부실한 아침으로 지금까지 버티고 있는 그에게 빨리 무언가를 먹이지 않으면 큰일이 날 것 같다. 운 좋게도 멀지 않은 곳에 널따란 경사로가 있는 식당이 보였고, 우리는 망설임 없이 들어갔다. 이곳이 아사 직전인 우리를 구해주겠지!

파스타와 피자의 나라인 이탈리아에 온 이상 메뉴는 당연했다. 다만, 배는 고픈데 60가지가 넘는 피자를 사진 하나 없는 메뉴판에서 고르려니 눈이 어질어질하다. 고민하던 준우는 어쩐지 식욕을 자극하는 이름을 가졌다는 알 수 없는 이유를 대며 나폴리탄 피자를 골랐고, 나는 신선하고 탱글탱글한 조갯살을 기대하며 봉골레 파스타를 주문했다. 그런데 잠시 후 테이블에 올라온 피자의 비주얼은 가히 충격적이었다. 염전에서 일광욕을 막 끝낸 시커먼 정어리들이 새하얀 치즈를 덮고 태연하게 누워 우리를 바라보고 있는 게 아닌가? 굶주림에 눈 질끈 감고 어떻게든 먹어보려 했지만 한입 베어 물자 진한 비릿함이 입과 코를 휘감고 올라오는 바람에 피자 앞에 절로 머리가 조아려졌다. 비릿함을 잊기 위해 한입 가득 밀어 넣은 파스타는 두 번째 전율을 선사했다. 너무 짰다. 입안 가득히 퍼지는 짠맛에 넘겨야 할지 말아야 할지 어찌할 바를 모르고 있는데 주방장이 다가와 "보나베띠(맛있게 드세요)" 한다. 그때는 왜 말하지 못했을까. 노 살레! 이탈리아에서는 소금을 빼달라고 외쳐야 했거늘!

음식이 짜고 계단이 많은 섬. 결코 녹록지 않은 여행이 될 것 같다. 그래도 신묘한 매력의 베네치아를 포기할 수는 없지!

베네치아의 두 얼굴

베네치아만큼 예측하기 힘든 곳이 또 있을까? 이 도시는 온통 의외성으로 넘쳐난다. 분명 계단이 많아 묵을 숙소조차 없다고 했는데 인포메이션에서 건네받은 지도에는 너무나 친절하게 휠체어 접근로와 장애인 화장실이 표시되어 있었다. 베네치아 118개의 섬, 117개의 운하, 409개의 다리에 전부 갈 수 있는 것은 아니었지만 동선만 잘 짜면 꽤 많은 섬을 여행할 수 있었다. 자동차가 허락된 '라도 섬'을 빼고는 바퀴 달린 것은 환경미화원의 수레와 유모차 그리고 휠체어만 허락된다는 본섬은 차와 사람이 뒤엉켜 다니는 좁은 도시보다 오히려 더 마음이 편했다.

관광객에게는 작정하고 바가지를 씌운다는 악명도 우리에게는 안 통했다. '도시락 싸기' '직접 요리하기'와 같은 여행 규칙을 이곳에서도 실천했더니 가끔 레스토랑에서 맛있는 음식을 시켜도 비싸다는 생각이 전혀 들지 않았다. 한번은 로마 광장에 있는 마트에 들어가 그곳 반찬들을 이것저것 사서 선착장 주변 다리 밑에 앉아 간단히 먹기도 했다. 값도 저렴하고 꽤 맛있었다. 한국에서라면 불쌍하게 여겨졌겠지만 아무도 쳐다보지 않았다. 우린 이 낯선 경험이 그저 즐거울 뿐이었다. 누군가가 이곳이 어떤 곳이냐고 묻는다면 나는 "베네치아에는 두 얼굴이 있어!"라고밖에 말할 수 없을 것 같다.

"어디로 갈까?"

쇼윈도에 비친 먹음직스런 케이크들을 바라보듯 지도를 뚫어져라 봤지만 이곳 베네치아에서 처음으로 갈 곳을 도무지 고를 수가 없었

다. 결국 우리는 내키는 대로 수상버스 바포레토에서 내리기로 했다. 그렇게 도착한 바실리오 섬. 그곳에는 좋은 날씨를 벗 삼아 와인을 마시는 할아버지 한 분이 있었다. 허름한 담벼락 아래 테이블 몇 개가 전부인 카페였는데 이 할아버지 낭만이 장난 아니다. 와인을 커피처럼 마시고 있는 것도 대단한데 허공에 대고 건배를 한다. 그의 오랜 버릇일지, 아니면 먼저 떠난 누군가에게 보내는 것인지 일 수 없으니 더욱 그랬다.

이곳에는 온통 방해하고 싶지 않은 평화로운 것들 천지다. 따뜻한 햇볕 아래에서 낮잠을 즐기던 개는 휠체어 소리를 따라 귀를 솔깃 움직이면서도 절대로 깨지 않았고, 작은 돌다리 위에는 중년의 남성이 걸터앉아 작은 노트에 바실리오의 아름다움을 옮겨 그리고 있었다. 관광객이 적은 이 섬에는 시간이 정지한 듯 조용한 오전이 흐르고 있었다.

우리는 지도를 가방 깊숙이 넣었다. 휠체어가 겨우 통과할 만한 좁다란 골목에서 또 다른 골목으로 무엇에 이끌리듯 거닐면서 지도를 들고 다닐 필요는 없었다. 가끔 멈춰 카메라 셔터를 누르거나 물가에 앉아 경치를 구경했다. 그러다 지루해지면 이쪽 섬에서 저쪽 섬으로 바포레토를 탔다. 그렇게 몇 군데의 섬을 더 돌다 베네치아의 심장이라고 불리는 아름다운 산마르코 광장에 닿았다. 관광객 사이로 갖가지 기념품을 파는 행상들이 눈길을 사로잡는다. 나는 베네치아가 그려진 빨간 스카프를 하나 샀다. 싼값이지만 제법 마음에 들어서 이탈리아인들의 패션 행렬에 동참이라도 한 듯 괜한 자신감이 솟는다. 그

사이에 준우가 맛있는 젤라또를 사 와서 한입 넣어준다. 입안에서 사르르 녹는 젤라또 때문인지 이 신비로운 섬 때문인지 달콤함에 취하는 기분이다. 다음은 어느 섬으로 갈까?

라타나 섬

베네치아의 많은 섬 중에 어찌 아름답지 않은 곳이 있을까. 그러나 발길이 기울고 마음이 기울어서 결국에는 다음을 기약하고 마는 곳이 생기게 마련이다. 나에게는 라타나 섬이 그랬다. 화려하거나 특별한 관광지가 없어도 우리가 방문한 섬 중에 현지인들의 삶이 가장 짙게 느껴졌던 곳.

엄마 손에 이끌려 킥보드째 끌려가는 사랑스러운 아이, 창문 틈으로 하나둘 새어 나오는 저녁 짓는 소리, 건물과 건물 사이를 이어주는 색색의 빨랫줄. '빨래는 순번을 정해 돌아가며 하는 걸까'라는 우스운 호기심이 생겨나고, 절대 그럴 일이 없다는 것을 알면서도 이곳 어딘가에서 나 어릴 적 살던 집이 튀어나올 것만 같아 아련한 그리움마저 느껴졌다.

수상버스 바포레토

영국에서 런던 버스에 감동했었다면 베네치아에서는 수상버스 바포레토가 나의 열렬한 사랑을 받았다. 동네 멍멍이도 타고, 장에 다녀오는 마을 사람도 타고, 유모차도 타고, 관광객도 탔다. 지하철 개찰구 같이 생긴 곳에 티켓을 내고 통과하면 물에 둥둥 떠 있는 승선장으로 갈 수 있는데 그곳으로 향하는 길에는 어떤 계단이나 턱도 없었다. 조금 있으니 인터넷에서 보았던 것과 똑같은 바포레토가 들어왔는데 사진에서처럼 파란색 휠체어 심볼이 뚜렷하다. '날 어떻게 태워줄까?' 반가운 마음에 벌써 가슴이 두근거렸다.

뜨거운 태양에 빛나는 까만색 선글라스, 멋스럽게 세운 옷깃과 맵시 좋게 떨어지는 옷 선. 유니폼을 멋지게 차려입은 선원이 배가 멈춰 서기도 전에 커다란 밧줄을 계선주에 내던졌고, 눈 깜짝할 사이에 단단한 매듭을 묶어냈다. 많은 사람이 한꺼번에 타는데도 꽤 질서정연한 모습이다. 이곳은 1순위가 여성이고 2순위가 강아지라고 했던가. 까만 선글라스의 선원이 정중히 건넨 손을 잡고 중년 여성이 먼저 올라탄다. 나는 조금 더 기다렸다 그에게 가볍게 손을 흔들어 탑승 의사를 비치니 가벼운 미소로 화답한다. 승선장 한쪽에 있던 아치형 경사로를 승선장과 바포레토 사이에 걸쳐 놓아주었는데 이 경사로는 수상버스를 타는 곳 어디에나 있었다. 흔들리는 배 안으로 전동 휠체어를 운전한다는 게 조금 긴장됐지만 안전하게 탑승할 수 있도록 그들이 끝까지 잡아주었다. 그 뒤로는 어느 섬으로 가든 신이 날 뿐 겁나지 않았다.

바포레토를 타고 대운하 카날그란데를 가르는 맛은 그 어떤 경험과도 비교 불가였다. 섬에서 또 다른 섬으로 모험하는 재미가 있었다. 멋들어진 곤돌라가 지나간 자리에는 색색의 파스텔 빛깔의 건물들이 물 위에서 아른거렸다.

해는 순식간에 저물었다. 갈 길이 먼 우리는 서둘러 떠나야만 했다.

궁전을 나서던 신데렐라도 그랬을까? 숙소로 돌아가는 길은 언제나 아쉬웠다.

출렁거리는 물 위로 하늘과 건물의 빛이 그대로 비쳐 또 하나의 푸른 달과 또 하나의 반짝이는 도시가 떠오르는 것이 보였다. 카날그란데가 초대한 황홀경! 구분되지 않는 두 세계가 눈을 깜빡일 때마다 사라져가는 것이 싫었다. 머리칼을 휘날리는 기분 좋은 바람을 만끽하며, 준우와의 여행이 언제까지나 계속되었으면 하고 간절히 바랐다.

이탈리아 여행 중에 가장 하고 싶었던 것은 야외 테이블이 있는 카페에 앉아 여유로운 시간을 보내는 것이었다. 따스한 햇볕을 쬐며 커피 한 잔에 윤영의 손을 잡고 여행의 즐거움을 만끽하고 싶었다. 그런데 수많은 카페 중에서 마음에 드는 곳을 만나기가 참 쉽지 않았다. 카페는 정말 많은데, 하나도 마음에 들지 않았다.

뭐가 그리 까다롭냐 하겠지만, 문제는 담배 연기였다. 멀리서 보면 그 부분만 안개가 끼어 있는 것 같았다. 아무리 분위기 좋은 카페라도 담배 연기가 자욱한 자리에 들어가고 싶진 않았다.

그러다 리알토 시장의 한구석, 널찍하고 한가한 노천 카페를 발견했을 때 정말 이곳이다 싶었다. 이 카페에 오기 위해 그렇게 많은 카페를 지나쳤나 보다. 그래, 여기가 파라다이스일지도 몰라! 물론 이 파라다이스에 들어가려면 뭔가 주문을 해야 한다는 당연한 자본주의 원리가 작동하고 있었지만, 우리가 원하는 바가 완벽하게 맞아떨어지는 곳이었다. 옆에는 대운하가 흐르고 따뜻한 바람이 살랑살랑 불었다. 늦은 오후여서인지 손님도 많지 않아 조용하다. 윤영은 오버 좀 하지 말라고 핀잔을 주었지만, 신이 난다. 들뜬 기분은 감추는 게 아니다.

메뉴를 쭉 살펴보는데 왠지 끌리는 게 없었다. 커피는 왠지 뻔하고 맥주는 과하다. 칵테일도 있긴 한데 이름도 어렵고 뭐가 뭔지 모르겠다. 그렇다고 또 당당하게 물어볼 용기는 안 나서 고민하던 중 윤영이

"준우야, 저 옆에 좀 봐봐. 너무 예쁘지 않니? 난 저거 마실래!" 한다.

윤영이 가리킨 테이블에는 새빨간 칵테일이 햇빛을 머금고 반짝이고 있었고, 그 옆에는 분홍색 칵테일이 보였다. 오케이, 낙찰! 우리 저거 두 개 다 마셔보자.

"근데 저거 이름이 뭐지?"

"몰라, 그냥 사진 찍어서 보여주자. 흐흐흐."

손가락으로 콕 가리켜 주문하는 것이 못내 부끄러웠던 우리는 웨이터를 불러 다짜고짜 휴대폰을 들이댔다. 그는 사진을 보고 단번에 칵테일의 이름을 말했다. 내가 고른 분홍색 칵테일은 'Bellini', 윤영이 고른 빨간 칵테일은 'Campari Orange'라고 했다. 웨이터는 이렇게 주문한 사람은 처음 봤단다. 우리는 민망해서 웃음이 터졌다. 찰랑거리는 대운하를 바라보며 겨우 마음을 다스리려는데 방금 전 그 웨이터가 돌아와 칵테일을 내려놓으며 찡긋 윙크하는 바람에 웃음이 또 터지고 말았다. 테이블에 엎드려 아픈 사람처럼 끅끅 웃는 우리. 그 와중에 칵테일은 또 맛있다며 쭉쭉 들이키는 우리가 너무 우스워서 또 킥킥. 도무지 웃음이 멈추질 않는다.

별것 아닌 일에도 웃음이 멈추지 않는 걸 보니 여기 진짜 파라다이스인가 봐!

물 좀 주소

베네치아에서 처음 먹은 피자와 파스타는 정말 인상적이었다. 잊으려야 잊히지 않는다. 내가 피자를 먹는지 염전에 앉아 소금을 씹는지 분간할 수가 없었으니까. 그렇게 강렬하고 순수한 짠맛은 처음이었다. 배가 고팠지만 먹을수록 혀와 목구멍이 바싹바싹 말랐고, 우리가 사 놓은 물은 이미 바닥을 보였다. 그 와중에 쌩긋 미소를 지으며 "보나 베띠" 하는 주인장. 한숨을 꾹꾹 눌러 담으며 억지 미소로 고개만 끄 덕했다. 주인장은 흐뭇한 눈빛으로 씩 웃는데 눈앞이 캄캄했다. 어휴, 이걸 어떻게 다 먹을까. 아무래도 내 미소가 거짓이었다는 것이 곧 들 통날 것 같다.

숙소에 도착했다. 캠핑장이었는데, 공용 샤워장에 음료 자판기가 있 었다. 나는 물이 절실하게 먹고 싶었다. 아무리 양치질을 해도 갈증은 해소되지 않았으니까. 문득 식당마다 정수기가 있는 우리나라가 그리 워졌다. 자판기에서 물을 뽑았다. 손에 착 감기는 페트병의 묵직함. 나 는 생명이요, 구원이니 목마른 사람은 내게 오라! 그래, 이제 살 수 있 겠다. 손으로 페트병을 여는 순간 귀를 의심하는 소리가 들렸다.

치익ㅡ.

어디서 김이 빠지는 소리가? 병을 자세히 보니 거품이 뽀글뽀글 올 라오고 있었다. 설마 이거? 한 모금 마시니 입에서 불꽃놀이가 펼쳐진 다. 입천장이 얼얼하다 못해 머리까지 짜릿했다. 소금 공격에 이은 탄 산의 2연타. 얼굴을 한 대 맞은 것 같았다. 이걸 대체 어떻게 마시는 거지? 윤영에게 그냥 물인 척 건네주었다. 찌푸려지는 그녀의 얼굴이 얼마나 귀엽던지. 그다음 날아오는 주먹은 오롯이 감당해야 할 내 몫 이었다.

이틀 후 대형마트에 갔다. 다음 날 먹을 간식거리와 음료를 사기 위해서다. 목은 계속 말랐다. 부엌이 없는 숙소에서 살아남으려면 무언가를 계속 사 먹어야 했고, 그때마다 목은 쩍쩍 말라갔다.

물 종류가 참 많기도 했다. 뭐, 우리나라도 대형마트엔 물이 다양하니까 그냥 가장 저렴한 거 고르면 되겠지 싶었다. 내 손에 들린 녹색 페트병을 본 윤영이 말했다.

"준우야. 그거 또 탄산수 아니야?"

"이게 제일 싼 건데? 설마 탄산수가 물보다 쌀까?"

"그래도 불안한데? 열어볼 수도 없고……."

우리가 읽을 수 있는 것이라곤 'Aqua'라는 단어와 가격뿐.

"설마 이게 제일 싼데 탄산수는 아닐 거야."

하지만 숙소에서 뚜껑을 여니 '치익—' 하는 소리가 들려왔다. 시원하게 한 모금 들이켜려던 기대가 좌절로 바뀌는 순간이었다. 뽀글뽀글 거품이 올라온다. 망했다. 윤영은 조용히 고개를 저었고 나는 다리에 힘이 풀려 주저앉고 말았다. 그럴 리가 없어. 이게 탄산수라니 말도 안 돼! 믿을 수가 없어 다시 한 모금 맛을 보고, 나는 조용히 밖으로 나가 자판기에서 500㎖ 생수를 사왔다. 심지어 2ℓ 탄산수보다 1유로나 더 비싼 생수를!

계획을 내려놓고

인터라켄에서의 마지막 날. 나는 윤영에게 베네치아에서의 여행 계획을 미리 짜자고 말했다.

"꼭 계획을 짜야 해?"

순간 머리가 띵하고 울렸다. 사실 나는 여행을 계획할 때마다 딜레마에 빠지곤 했었다. 거침없이 떠나야 풍성한 여행이 가능하다는 생각과, 귀한 시간과 돈을 효율적이고 합리적으로 사용하려면 계획이 필수라는 생각이 서로 맞섰다. 문제는, 계획이라는 것을 한번 짜기 시작하면 직업인 사회복지사의 버릇이 나도 모르게 발동한다는 것이었다. 이건 뭐 여행 계획인지 사업 계획서인지 분간이 안 갈 정도다. 예산은 물론 이동 방법, 이동 시간, 식사 메뉴까지 정하고 나서야 손을 뗄 수 있었다.

그런 나에게 윤영은 꼭 그렇게까지 계획을 세워야 하느냐고 물은 것이다. 나는 무계획의 위험성을 어필하며 최소한의 세획만이라도 만들고 싶다고 했지만, 그녀는 거절했다.

"한 번만 그냥 다녀보자. 우리가 정말 가보고 싶었던 곳이니까, 발길이 닿는 대로 그곳을 오롯이 즐겨보고 싶어. 그렇게 하면 안 될까?"

나는 노트를 접었다.

베네치아 본섬에 도착해 관광안내소에 들러 장애인 전용 지도를 받았다. 로마 광장의 바포레토 정류장은 A부터 G까지 늘어서 있었다. 각기 다른 바포레토가 들어오고 나가고, 방향도 제각각이었다.

"누나. 어디로 가지?"

그러나 윤영의 귀에는 들리지 않는 것 같았다. 베네치아에서 만나게 될 모험에 한껏 들뜬 것이리라.

"준우야. 어디 갈까?"

설렘이 가득한 저 표정 좀 보라지. 눈동자 어디에도 불안은 없었다.

이대로 세상 끝까지 달려 나갈 기세다. 우리는 눈앞에 있는 F정류장에 무작정 들어가 가장 먼저 들어온 2번 바포레토를 탔다. 베네치아 본섬이기에 할 수 있는 모험이다. 배를 잘못 탄다면 다른 배를 타고 돌아오면 된다. 어디에 내려도 베네치아다. 마음이 편해진다. 그녀의 말처럼 계획은 필요가 없었던 것일지도 모르겠다.

"아가씨. 어디서 내리시나요?"

승무원이 윤영에게 물었다. 그녀는 당황한 듯 나를 쳐다본다. 질문의 바통은 내가 이어받았다.

"이 배는 어디로 가나요?"

지도를 보여주며 물었더니, 대운하가 아니라 그 반대쪽으로 나가 아래쪽 외곽을 돌아서 종점을 향해 간다고 알려준다. 우리는 다음 정류장인 바실리오 섬에서 내리기로 했다. 어떤 곳인지, 무엇이 있는 섬인지 전혀 모른다. 그냥 발길 닿는 대로 가보기로 했다. 시원한 바닷바람과 잔물결이 얼굴에 튄다. 그 상쾌함에 기분이 마냥 행복하다.

* 대중교통

버스 본섬과 메스트레 지역을 오가는 버스는 대부분 저상이다. 장애인 할인은 없다.

바포레토 한 정류장에서 같은 번호의 상행선, 하행선이 다 정차하니 방향을 확인하고 탑승하자. 큰 역의 경우 같은 이름의 정류장이 A, B, C 등으로 나뉘어 상행과 하행을 구분한다. 바포레토 정류장에는 설치형 경사로가 있어, 탑승 의사를 밝히면 경사로를 놓아준다.

❶ 저상버스에 있는 휠체어 사용자 버튼
❷ 바포레토에 표시된 장애인 마크

곤돌라 관광용 택시에 가깝다. 좁고 작은 배라서 휠체어를 가지고 탈 수 없다. 베네치아 곳곳에 정박하는 항구가 있으며 1회 이용료는 80~100유로 정도다.

＊택시

베네치아 수상택시 휠체어를 실을 수 없는 곤돌라의 차선책으로 선택할 수 있는 사설 모터보트 택시. 바포레토가 들어갈 수 없는 섬 안쪽 운하까지 이동 가능하다. 베네치아 크루즈 터미널, 베네치아 산타루치아 역 주변에서 탑승하며, 사전 예약은 필수. 휠체어용 리프트는 150kg의 무게 제한이 있다. 예약 및 문의 는 홈페이지를 통해 가능하다.

홈페이지 : http://www.sagetraveling.com/wheelchair-accessible-water-taxis-in-venice

＊여기에 가볼까?

산마르코 대성당 산마르코 성인의 유해를 모신 성당. 베네치아 황금기에 지어 진 성당으로, 아시아를 침략하여 성당을 장식할 물건을 가져왔기 때문에 이국적 인 것이 특징이다.

입장 시 특이 사항
• 입구에 계단이 있으니 출구를 통해 입장해야 함.

그라시 궁전 18세기에 지어져 현재는 현대미술관으로 이용된다.

입장 시 특이 사항
• 입구에 턱이 하나 있는데 벨을 누르면 직원이 나와 경사로를 설치해준다.
• 장애인 본인 무료, 동반인 50% 할인(전시에 따라 달라짐).

편의시설
• 내부 엘리베이터 이용 가능하며 장애인 화장실 있음.

리알토 주변 시장 리알토 다리 왼쪽 골목은 언제나 활기차다. 어시장을 비롯해 과일, 귀금속, 가죽, 유리 공예, 기념품 가게 등이 많아 관광객과 상인들로 붐빈다. 시장은 화요일부터 일요일, 오전부터 오후 2시까지 열리는데 신선한 해산물과 과일, 다양한 파스타 재료들을 파는 것으로 유명하다. 주변에 노천 카페와 식당이 있어 휴식을 취하기도 좋다.

입장 시 특이 사항
• 골목이 좁고 사람이 많다. 오전이 가장 붐비니 12시~2시 사이에 시장이 문을 닫기 시작할 즈음 구경하는 것을 추천한다.

산마르코 광장 베네치아에서 가장 넓고 가장 붐비는 곳. 나폴레옹이 '유럽에서 가장 아름다운 응접실'이라는 찬사를 보냈다고 한다. 1987년 유네스코 세계 문화유산으로 등재되었으며 베네치아에서 가장 높은 종루가 있다.

입장 시 특이 사항
• 종루에 엘리베이터가 있지만 입구에 계단 있음.

편의시설
• 광장 주변에 장애인 화장실 있음.

리알토 다리 베네치아에는 섬을 연결하는 크고 작은 다리가 많다. 리알토 다리는 그중 가장 상징적이며 아름다운 다리로 일컬어진다. 베네치아에서 처음으로 지어진 다리이며, 연인과 함께 오르면 사랑이 이루어진다는 이야기가 있다.

입장 시 특이 사항
• 경사로 없이 계단뿐이다.

베네치아의 물길

산마르코 광장

베네치아 관광안내소 이용하기

관광안내소에서 장애인 전용 지도 'Accessible guide map'을 받을 수 있다. 일반적인 지도와 달리 섬마다 휠체어로 이동할 수 있는 경로와 접근할 수 없는 길이 표시되어 있다. 경사로가 있는 다리, 화장실 위치, 주요 건물 설명까지 볼 수 있다. 이 지도는 베네치아 관광에 필수이므로 꼭 챙겨야 한다.

피렌체
여기, 나만 힘들어?

    산타마리아 노벨라 기차역에서 내려 곧장 스타투토 지역에 있는 숙소로 향했다. 일단 체크인하고 장을 봐서 제시간에 저녁을 먹으려면 부지런히 움직여야 한다. 울퉁불퉁한 길을 지나 널따란 고가도로를 횡단하고 차가 쌩쌩 달리는 대로변을 한참을 걸어서야 스마트폰 지도에 목적지가 보였다. 그런데 가까워질수록 어째 느낌이 싸하다. '만약 이곳에 숙소가 있다면 참 어울리지 않겠구나'라는 생각이 나도 모르게 들었다.

    왜 나쁜 예감은 한 치의 오차도 없이 적중할까? 우리의 발걸음이 멈춘 곳에는 '스타투토 약국' 말고 아무것도 없었다. '왜지? 사기일까? 망했나?' 옆을 보고 위를 보고 땅바닥을 쳐다봐도 숙소는 흔적조차 없으니 까무러칠 노릇이다. 숙소를 정하면 구글 지도로 가는 길을 찾고, 스트리트 맵으로 휠체어가 들어갈 수 있는지 건물의 외관과 주변의 노면 상태까지 샅샅이 확인하고 나서야 마음을 놓았던 우리인데 어떻게 된 걸까.

사실 이 철두철미한 팀에게도 한 가지 치명적 약점이 있었다. 그것은 바로 덜렁거림! 이 친구는 때와 장소를 가리지 않고 튀어나오는데 문제는 매번 우리 둘 다 보기 좋게 당하고 만다는 것이다.

이번에도 그랬다. 길 찾기는 당연히 '이름'이 아닌 '주소'로 검색해야 하는데 잠깐 다른 생각을 하는 틈에 숙소 이름을 검색창에 넣었고, 친절한 구글은 가장 비슷한 이름을 가진 스타투토 약국을 내놓은 것이다. "세상에 우리가 무슨 짓을 한 거지?" 가장 기본적인 것을 놓친 실수여서 더욱 치명적이었다. 처음부터 우리는 엉뚱한 곳을 가기 위해 고군분투하고 있었던 것이다. 이 비극적인 결말에 준우는 두 손으로 머리를 감싸 쥐었고, 나는 아무 잘못 없지만 어쩐지 얄미운 스타투토 약국을 노려보았다.

여기, 나만 힘들어?

어릴 적 나는 여간해서 울지 않았다. 슬픈 드라마를 보아도, 키우던 강아지가 하늘나라로 떠난 날에도 울지 않았다. 팔다리나 골반, 쇄골이 어이없이 부러지던 날에도 내 뺨에 눈물 같은 것은 흐르지 않았다. 입술을 꽉 깨물고 토끼처럼 빨개진 눈을 끔뻑거리기만 했다. 부모님의 얼굴을 보면 다 참을 수 있었다. 그 앞에서는 감히 눈물을 흘릴 자신이 없었다. 그렇게 나는 울지 않는 사람이 되어 있었다.

그런 줄만 알았는데, 아니었다. 나에게도 눈물은 충만했었나 보다. 여행 시작부터 런던 버스에 감동해 울컥하지를 않나, 눈부신 인터라

켄을 떠나기 싫어 울지를 않나. 졸지에 눈물 수발을 들게 된 준우에게
는 미안하지만, 눈물이 한 번 봉인 해제되자 끝도 없이 흘러나와 유럽
에 다 흩뿌리고 갈 기세였다.

피렌체에서는 그 기세가 절정에 달했다. 나는 또 울고 있었다. 미켈
란젤로 언덕에 올라서자 감당하지 못할 피렌체의 아름다움이 덮쳐왔
다. 시선을 뗄 수 없었다. 숨이 막혔다. 너무 아름다워 도리어 미치게
화가 났다. 이렇게 아름다운 도시에서 온종일 돌바닥만 쳐다보며 씨
름하고 다녔다니, 억울함에 울화통이 터졌다.

피렌체의 상황은 정말이지 심각했다. 올록볼록한 돌길은 끝없이 이
어지는 산봉우리 같아서 바퀴 하나가 그것을 넘으면 뒤따라오던 바퀴
가 또 새로운 봉우리를 넘고 있었다. 달리는 마차 안에서도 부채를 흔
들며 기품을 잃지 않던 영화 속 귀족들과 나는 달랐다. '덜컹'과 '꿀렁'
의 박자에 맞추어 쉴 새 없이 엉덩방아를 찧었고, 힘없는 상체는 무
척추동물마냥 이리저리 고꾸라지려 했다. 쓰러지지 않기 위해 발가락
에 땀이 나도록 힘을 주었더니 난생처음으로 걷지 않는 발에 습진이
란 것이 생겨났다. 이런 우스꽝스러운 모습으로 피렌체를 거닐다니 체
면이 말이 아니었다. 그나마 있는 매끈한 인도는 내 것이 아니었다. 올
라가기엔 너무 좁거나, 길 중간에 가로등이 있거나, 심지어 자동차가
올라와 있는 경우도 있었다. 잠자리에 들면 엉덩이는 얼얼하고 허리가
두들겨 맞은 것처럼 욱신거려 저절로 곡소리가 났다.

피렌체에서의 눈물은 서러움이었다. 사랑을 나누며 맥주를 기울이
고 사진 찍기에 열중인 사람들 틈에서 나는 깊은 외로움을 느꼈다. 돌

길을 고통 없이 거닐 수 있는 사람들에게 이 도시는 도대체 어떤 느낌일까. 나는 여전히 그날의 미켈란젤로 언덕에 멈춰 있다.

새로운 인연과 함께!

우리가 그녀를 처음 만난 것은 그녀가 한국을 떠나온 지 230일째 되던 날이었다. 세계일주 중인 윤정 씨는 이 최악의 숙소에서 우리에게 위안이 되어주는 유일한 존재였다. 마침 인터라켄 여행을 앞두고 있다는 소식에, 우리말로 무장해제된 입은 쉴 새가 없었다. 함께 다니니 일과도 더욱 풍성해져서 낮에는 피렌체 탐험을, 저녁에는 모니터 속 인터넷 세상을 같이 누볐다. 특히 귀에 쏙쏙 들리게 설명 잘하는 준우가 나서 인터라켄 계획을 도와주면서 우리 셋은 급속도로 가까워졌다.

우리는 밑으로 아르노 강이 흐르는 베키오 다리를 함께 거닐고, 정치의 중심지였다가 지금은 여행자들의 휴식처가 된 시뇨리아 광장에서도 쉬지 않고 떠들었다. 골목 어귀의 한인 마트를 찾아냈을 때는 각자 라면을 한 아름씩 안고 기쁨의 하이파이브를 나눴다. 여행이 계속될수록 풍경 사진만 넘쳐나는 것을 어떻게 알았는지, 남이 찍어주는 사진이야말로 정말 좋은 추억이 될 거라며 쉴 새 없이 우리의 모습을 담아주었다. 그런 그녀의 눈빛이 또 한 번 반짝인 것은 '두오모 성당'으로 더 잘 알려진 산타마리아 델 피오레 대성당을 거닐 때였다.

"둘이 저기 올라갔다 와요! 휠체어는 내가 봐줄게!"

그녀의 손끝이 가리키는 곳에는 조토의 종탑이 있었다. 414개의 계단을 오르면 웅장한 대성당의 모습이 한눈에 보일 것이다.

"에이, 어떻게 그래요."

"나 있을 때 아니면 이런 기회 힘들걸?"

사실 그랬다. 잠깐 준우에게 안겨 높은 곳을 올라가보고 싶다가도 휠체어와 소지품 걱정에 금세 생각을 접어야 했던 것이 수십 번. 이 언니 센스가 정말 보통이 아니다. 내 안을 훤히 들여다보는 듯하다. 마음이 흔들려 준우를 바라봤더니 이 남자도 무슨 배짱인지 "가자!"라고 한다.

"그럼 1층까지만."

결국 윤정 씨에게 휠체어를 부탁하고 종탑 내부로 들어갔다. 그런데 탑 안은 예상보다 더 높은 데다가 좁고 어두웠다. 종탑의 기세에 눌려 빵빵했던 패기에서 바람 빠지는 소리가 들리는 듯했다. 나중에 준우가 말하길, 그때까지만 해도 자신의 젊음을 믿었다고 한다. 어쨌든 우리 머리 위로는 회오리 계단이 끝없이 이어졌고, 중간중간 있는 작은 창문에서만 간간이 빛이 들어왔다. 게다가 그 좁은 계단을 올라가는 사람과 내려가는 사람이 나눠 쓰는 통에 어깨가 부딪쳐 모두가 어기적어기적 움직이고 있었다. 준우는 한 손으로 나를 안고 다른 손으로는 벽을 짚으며 이제는 거의 기다시피 올라가고 있었다. 잠시 쉬려 해도 끝없이 밀려오는 사람들 때문에 한 걸음조차 멈출 수 없었다. 조금이라도 힘을 보태기 위해 있는 힘껏 팔심으로 매달렸던 나 역시 기진맥진이었다.

그렇게 이승과 저승의 경계가 모호해질 때쯤 도착한 1층. 우리는 위대한 조토의 작품 앞에서 무릎 꿇지 않을 수 없었다. 탑에서 내려다보는 광경이 너무 아름다웠다. 올라오느라 힘들어서 죽을 것 같다고 말하면서도 잠깐 숨을 돌리자마자 피렌체의 붉은 지붕들이 한눈에 들어왔다. 준우는 "이젠 또 어떻게 내려가나" 입으론 중얼거리면서도 두 손은 카메라를 쥐고 사진 찍기에 열중이었다. 웃음이 터져 나왔다. 정말이지 여행의 마법에 단단히 홀려 있었다. 영원한 사랑을 맹세한다는 두오모 성당에서 영원한 이별을 하게 될 뻔한 추억은 덤이었다.

이 숨 막혔던 사투를 아는지 모르는지 종탑 아래에서 글을 쓰는 데 열중해 있는 윤정 씨에게 더 열심히 손을 흔들었다. 고마웠다. 힘들었던 피렌체에서 홀연히 나타나 건강한 에너지를 주었던 그녀는 참 감사한 인연이었다.

피렌체에서의 마지막 날. 힘들게 돌아다니다 숙소로 돌아온 윤영은 피곤해서 쉬기로 하고, 나는 잃어버린 카메라의 폴리스 리포트를 만들기 위해 경찰서로 나섰다.

　지난 한 달 동안 내 오른손은 늘 윤영의 것이었는데, 무의식적으로 뻗은 손에 잡히는 것이 없었다. 손이 너무 허전해 주머니에 넣었다. 동전 몇 개가 손에 잡혔다. 짤랑거리는 소리가 그런대로 듣기 좋았다.

　폴리스 리포트를 만든 뒤 숙소로 바로 돌아가지 않고 두오모 성당을 향해 걸었다. 윤영과 함께 걸을 때면 길이 너무 좁아 휠체어와 바닥만 보며 걸었었는데, 지금 보니 주변에 이런 건물이 있었나 싶을 만큼 새삼스럽다. 싱숭생숭하기도 하고 허전하기도 했지만 이상하게 마음은 편했다. 한 달 만에 처음으로 내 속도로 걸었다. 걸음이 빨라졌다. 생각보다 금방 두오모 성당에 도착했다. 하지만 이 편한 마음에 대한 의문이 계속 남았다.

　혹시 내가 윤영을 불편하게 생각했던 걸까? 머리로는 아니라고 했지만 나도 모르게 마음이 그녀를 그렇게 여기고 있던 건 아닐까? 온갖 감정이 뒤엉키며, 물감이 마구 섞인 듯 마음이 처음 보는 색깔을 띠고 있었다. 이런 마음을 안고 윤영에게 가도 괜찮을까? 한숨이 나왔다. 성당 주변을 천천히 걸었지만 마음이 쉽사리 정리되지 않았다. 저물어가는 해, 어두워져가는 거리가 그냥 짜증이 났다. 오른손은 어느새 동전을 꼭 쥐고 있었다. 동전이 땀에 미끈미끈해졌다.

나는 내 마음이 무엇인지 도통 알 수가 없었다. 그냥 피렌체라는 도시가 싫어졌다. 피렌체에 오지 말걸 그랬나 후회만 들었다.

숙소로 돌아가는 길에 어디선가 익숙한 모터 소리가 들렸다. 오른쪽 건너편에 전동 휠체어를 탄 장애인이 길을 가고 있었다. 젊은 남성인데, 꽤 덩치가 컸다. 그 남자 뒤에는 수염이 희끗희끗한 남성이 휠체어 손잡이를 잡고 따라 걷고 있었다. 괜히 눈길이 갔다. 잠시 멈추어 그를 지켜봤다.

윤영은 피렌체 거리를 거닐 때마다 산을 넘는 느낌이라고 했는데, 저 남성은 느리지만 아주 편안하게 이동하고 있었다. 속도는 빠르지 않지만 멈추지 않았다. 몸이 크게 흔들리거나 튕겨 오르지도 않았다. 저 사람은 몸무게가 있으니 길에 굴곡이 있어도 튕기지 않는데, 가벼운 윤영은 그럴 수가 없었나 보다. 그러니 굴곡이 있을 때마다 몸이 통통 튀어 허리와 골반이 아프고 나중에는 온몸이 욱신거리는 것이다. 편하게 움직이는 그를 보니 마음이 놓였다. 그제야 내 마음의 정체를 알게 되었다.

나는 윤영이 불편한 것이 아니라, 이 거리를 힘들게 오가는 윤영을 보는 것이 불편했던 것이다. 피렌체에 와서 마음이 무거웠던 것도, 처음으로 혼자인 것에 편안함을 느낀 것도 다 그런 이유에서였다. 피렌체에서 내가 본 윤영의 표정은 환한 미소보다 난처한 표정일 때가 더 많았다. 그런 윤영에게 내가 해줄 수 있는 것이 없기에, 가뜩이나 지쳐 있는 윤영을 헤아리지 못하고 더 힘들게 만들면 어쩌나 싶어 지난 며칠간 전전긍긍했던 것이다. 빨리 숙소에 가서 윤영을 만나고 싶었다.

주변 노점상에서 작은 피노키오 인형을 두 개 샀다. 깜짝 선물에 기뻐할 윤영을 생각하니 걸음이 더 빨라졌다. 한시라도 빨리 그녀를 보고 싶다.

유럽 여행을 다녀왔다고 했더니 정말 많은 사람이 물었다. "그래서 비행기 값은 얼마나 들었어요?" 그럴 때마다 상상했다. "지금 비행기가 중요한 게 아니라고요!"라고 소리치는 내 모습을. 물론 그런 무례한 짓은 절대 하지 않았다. 항공료에 목돈이 드는 것은 사실이지만 실제로 여비를 좌지우지하는 것은 현지에서 발생하는 비용이다. 달리 말하면 배낭여행을 할 때 아낄 수 있는 부분은 숙박비와 식비뿐이라는 것이다.

더 중요한 것은, 저렴한 호스텔에는 틀림없이 배리어가 존재한다는 사실이다. 호스텔을 두고 비싼 호텔과 자꾸만 저울질하게 되는 까닭은 단순히 깨끗한 실내에서 푹신한 침대에 몸을 누이고 싶어서가 아니라 준우의 도움 없이도 자유롭게 오가고, 편하게 볼일을 보고, 손이 닿는 세면대에서 씻고 싶기 때문이다. 이 당연한 일들이 호스텔의 저렴한 숙박비에는 포함되어 있지 않았다. 나에게는 그랬다. 오로지 몇 배나 더 비싼 숙박비를 감수할 때만 가능한 일이었다.

덕분에 우리는 여행 내내 선택의 갈림길에 섰다. 하루라도 더 여행하기 위해 '여비를 아끼느냐' 혹은 인간답게 살기 위해 '편의시설을 선택하느냐'에 대한 고민. 불편하고 난해한 이 문제 앞에서 우리는 더욱 현명해져야 했다. 정확히 어떤 숙소를 원하는지, 비용 부담은 어떻게 나눌 것인지 명확하고 솔직한 대화가 많이 필요했다.

우리는 길바닥에 주저앉아 피렌체 숙소를 고민하기도 했다. 예약할 숙소를 찾고 또 찾았지만 헛수고였다. 아메리카노 한 잔과 와이파이를 맞바꿨던 카페로 다시 돌아와 힘없이 담벼락 아래에 주저앉았다. 오늘의 일과를 마친 태양이 벌써 해넘이를 시작하고 있으니 우리도 지체할 수 없었다.

"누나, 여기 괜찮은데?"

"응. 괜찮은데, 근데……."

"아, 몰라. 그럼 누나가 찾아."

"……."

검색 결과에 나온 숙소는 주요 관광지와도 가까운 호스텔이었다. 다시 시내 중심까지 돌아가야 했지만 숙박비도 저렴한 데다 우리의 식비를 아낄 수 있는 부엌도 있었다. 하지만 내가 선뜻 답하지 못하고 우물쭈물하는 데는 이유가 있었다. 이곳까지 오면서 파악한 바로는, 피렌체 건물의 대부분은 입구에 턱이 있고 오래된 저층 아파트 형태의 숙소가 많았다. 역시나 준우가 보여준 숙소에도 얕은 턱이 있었고 엘리베이터는 당연히 없었다. 내부도 그리 넓은 편이 아니었다. 여행 초반의 그 호기로움은 다 어디로 갔는지, 자꾸만 걱정에 걱정이 꼬리를 물었다.

배고픔과 피곤함에 지칠 대로 지친 준우가 "아, 몰라. 그럼 누나가 찾아"라고 짜증스럽게 말을 툭 던지자 그의 한마디에 아무런 대답도 못 할 만큼 끔찍한 무기력이 찾아왔다. 나는 왜 이런 위기에서 단 한 번도 현명하게 행동하지 못할까.

사실 솔직한 속내는 따로 있었다. 조금 무리를 해서라도 호텔에 묵고 싶다는 것. 그동안 쌓인 피로와 이 지역의 접근성을 생각할 때 어느 정도 돈을 쓰지 않으면 휠체어를 가지고 편하게 들어갈 수 없을 것 같았다. 하지만 아무것도 말할 수 없었다. 나만 없으면 얼마든지 저렴한 곳에 묵을 수 있을 준우에게 계획에도 없던 높은 지출을 강요하게 되는 꼴이었으니까. 게다가 호텔 숙박을 하면 부엌도 사라지니 식비 지출도 함께 늘어나게 될 것이 뻔했다.

차마 입 밖으로 꺼내지 못한 속마음은 서운함에서 화로 이어졌고 이내 슬픔이 되었다. 책임감 없이 숨고만 싶은 마음에 결국 준우를 따라 시내 중심의 숙소로 따라나섰고, 그렇게 우린 유럽 여행 역대 최악의 숙소를 만났다.

'개미굴'이라는 단어만큼 이곳을 완벽하게 설명할 수 있는 말이 존재할까. 계단을 타고 두 개 층을 오르면 긴 복도 끝에 또 다른 통로들이 질서 없이 이리저리 나 있었다. 휠체어로는 딱 1층 로비와 식당까지만. 그 외에는 준우에게 안기지 않으면 화장실, 샤워실은 물론이고 방에도 들어갈 수 없었다. 여자 샤워실에 힘겹게 들어갔을 때는 땅끝까지 절망했다. 버튼을 힘껏 누르면 몇 초간 물이 나오는 시스템이었는데 버튼이 너무 높았다. 버튼에 겨우 손끝이 닿는 정도였으니 힘이 들어갈 리 만무했다. 가까스로 버튼은 눌렀지만 약간의 물이 머리 위로 졸졸졸 떨어지더니 금세 멎었다. 손이 빨개지도록 눌러도 물은 쪼르 륵거리다 이내 끊겨버린다. 나도 모르게 욕이 입 밖으로 튀어나올 만 큼 약이 올랐지만 굴복할 수밖에 없었다. 버튼이 이겼다. 대충 먼지 만 털어내고 나와 계단 앞에서 준우를 기다리면서도 분이 풀리지 않 았다. 저렴한 숙소에 머물면 왜 나만 힘들까, 왜 나는 아무것도 말하 지 못할까, 나는 왜 좀 더 강하게 호텔에 머물자고 제안하지 못했을 까……. 먼저 알아주기만 바라는 이 철없고 맹목적인 세 살짜리 마음 이 여태 자라지 않고 있었다.

* * *

사진으로 봤을 때는 이 정도로 최악은 아니었다. 호스텔을 쭉 둘러 보니 이 구조를 윤영에게 대체 어떻게 말해야 하나 싶었다. 부엌을 제 외한 모든 곳에 계단과 턱이 있었다. 어쩜 이런 곳이 다 있지? 장애 편 의성은 빵점, 아니 마이너스 백 점. 여기 오자고 한 내가 미쳤지.

하지만 다른 선택권이 없었다. 시간은 이미 6시. 해는 벌써 졌고, 다 른 숙소를 구하자니 이러다 노숙하게 되는 건 아닐까 덜컥 겁도 났다. 윤영의 눈가가 촉촉했다. 윤영에게 짜증을 냈던 것과 이런 곳에 데려 온 것이 모두 후회되었다. 아니, 차라리 피렌체에 오지 말 것을. 윤영 에게 괜찮겠냐고 물었다.

"어쩔 수 없잖아."

떨리는 목소리. 뺨으로 흐르는 눈물. 윤영을 꼭 안았다.

"미안해. 미안해. 정말 미안해. 대신 누나가 필요한 건 뭐든 다 해줄 게."

"네가 왜 미안해. 아니야."

윤영이 이런 상황에 놓이게 된 것은 전부 내 탓이다. 사과해도 바뀌는 것은 없었다. 숙소의 불편도, 윤영의 상처도.

여기에 머무는 동안 윤영이 원하는 것은 최대한 돕기로 마음먹었다. 화장실에 가고 싶다면 새벽에도 일어나 도와주었고, 목마르다고 하면 1층으로 내려가 물을 떠 왔다. 샤워장에서 씩씩거리며 나온 윤영에게 레버형 샤워기가 있는 남자 화장실을 이용하자고 세안했다. 새벽에 일어나 그리로 데려다주고 밖에서 망을 봤다.

쉬운 게 하나도 없었다. 날마다 임무의 연속이었다. 임무를 하나씩 해결할 때마다 경험치가 오르는 대신 피로가 쌓였다. 대신 윤영은 맛있는 음식을 만들어주었다. 그중에서도 카레 닭볶음탕은 정말 최고의 보상이었다. 정신없이 먹었다.

"그만 먹어. 너 지금 얼굴이 하얘. 괜찮아?"

정말 눈물 나도록 맛있었다. 이 맛에 누나랑 여행하는 거야. 미안하고 고마워. 하지만 이때는 이보다 더한 숙소가 우리를 기다리고 있을 거라고는 꿈에도 상상하지 못했다.

＊ 대중교통

버스 시내와 근교를 연결하는 버스는 저상이다. 노선은 많으나 관광지가 산타마리아 델 피오레 성당을 중심으로 몰려 있어 도보로 움직이는 것이 편리하다. 표는 산타마리아 노벨라 기차역 근처 ATAF 부스나 시내의 담뱃가게, 혹은 버스 기사에게서 살 수 있다. 1회 구매로 90분간 무제한으로 이용할 수 있다.

트램 노선이 하나뿐이며 표는 버스와 마찬가지로 ATAF부스와 시내의 담뱃가게에서 살 수 있다. 'Carta Agile'라는 정기이용권도 있다. 별도의 장애인 할인은 없다.

＊ 택시

Taxi Firenze 4390 병원 진료부터 관광 투어까지 장애인 이동 서비스를 제공하는 택시. 수동 휠체어만 탑승 가능.

홈페이지 : http://www.4390.it/en/services/disability-taxi
전화 : +39 055 4390

＊ 여기에 가볼까?

산타마리아 델 피오레 성당 피렌체의 랜드마크로 흔히 두오모 성당이라고 불린다. 붉은빛과 푸른빛이 조화를 이루는 외관도 멋지지만, 내부는 더욱 아름답고 화려하다. 그 옆에는 피렌체에서 가장 오래된 건축물인 세례당이 있다. 대성당 뒤편에는 박물관도 있는데 산타마리아 델 피오레 성당, 세례당, 종탑을 장식한 보물을 소장하고 있다.

두오모 성당이 보이는 피렌체 전경

입장 시 특이 사항

• 세례당 주변 매표소에서 두오모 통합권을 구매할 수 있다. 통합권으로 성당, 세례당, 종탑, 박물관 이용이 가능하다.
• 장애인 및 동반 1인 무료.

편의시설

• 산타마리아 델 피오레 성당 : 경사로가 있는 출입구는 성당의 왼편에 있다. 내부를 둘러보는 데 문제가 없으나 지하 예배당은 계단뿐이라 접근이 어렵다. 성당 옥상은 좁은 계단으로 이루어져 있다.
• 세례당은 입구가 좁은 편이나 입장할 수 있다.
• 대성당 박물관에는 엘리베이터와 장애인 화장실이 있다.

피티 궁전, 보볼리 정원 피렌체를 중심으로 막강한 힘과 부를 자랑했던 메디치 가문에 대항하기 위해 피티 가문이 지은 궁전. 하지만 결국 메디치가가 인수해 그들의 본거지가 되었다. 현재는 메디치가의 컬렉션을 모아둔 미술관이자 박물관으로 이용된다.

입장 시 특이 사항
- 피티 궁전 : 2층부터 관람을 시작한다. 엘리베이터 있음.
- 보볼리 정원 : 피티 궁전 내부의 왼쪽 출입구를 통해 우회하여 정원으로 입장한다. 곳곳에 계단이 있으나, 우회로(경사로)를 통해 관람 가능.
- 장애인 및 동반 1인 무료.

편의시설
- 피티 궁전 로비에 장애인 화장실 있음.

미켈란젤로 광장 피렌체의 남동쪽에 위치한 광장. 높은 곳에서 피렌체의 전경을 바라볼 수 있다. 특히 노을 지는 풍경이 아름답다. 휠체어 접근성과 전망이 모두 좋다. 이곳에 오르면 피렌체의 가장 아름다운 모습이 액사에 담긴 듯 한눈에 보인다.

입장 시 특이 사항
- 진입로가 계단이어서 차도를 통해 돌아가야 한다.

편의시설
- 유료 장애인 화장실 있음.

우피치 미술관 르네상스 회화와 조각, 라파엘로와 보티첼리 작품들을 전시하는 곳으로 유명하다.

입장 시 특이 사항
- 후문에 있는 엘리베이터를 이용해 3층 카페테리아로 이동한다. 그곳에서 다시 리프트를 이용해 미술관으로 입장한다.
- 장애인 및 동반 1인 무료.

편의시설
- 3층 카페테리아에 장애인 화장실 있음.
- 전시물 중 시각장애인을 위한 'Touchable Uffizi'라는 작품이 있는데, 손으로 만지며 작품

을 감상할 수 있다. 보티첼리의 '비너스 탄생'을 비롯하여 총 27개의 작품이 있다.
- 매달 첫 번째 금요일 오전 10시에 장애인을 위한 무료 가이드가 있다. 홈페이지를 통해 예약 가능.

우피치 미술관 계단 휠체어 리프트

시각장애인을 위한 작품 'Touchable Uffizi'

tip

피렌체 관광안내소 이용하기

산타마리아 델 피오레 성당 주변에 있는 피렌체 관광안내소에서 〈장애인을 위한 관광안내서〉를 받을 수 있다. 피렌체에 있는 모든 성당, 미술관, 궁전의 편의시설 및 이용 요금 등이 상세히 적혀 있다.

로마

편의시설 완벽한 로마행 타임머신

'그것'의 존재를 처음 알게 된 것은 파리에서였다. 파리에서 만난 한 여행자는 일단 그 녀석과 마주치면 절대 무사할 수 없으니 숙소를 예약할 때 평점뿐만 아니라 후기까지 꼼꼼히 읽어야 한다고 충고했다. 사실 그때까지만 해도 우리에게 중요한 것은 숙박비가 얼마이며 휠체어가 들어가느냐 마느냐였지, 후기는 읽을 생각도 못 했다. 물론 그 뒤로 숙소를 옮길 때마다 신경은 쓰였지만 운 좋게 매번 청결 상태가 나쁘지 않아 경각심은 점차 사라졌다.

그것이 문제였다. 방심한 우리를, 그 녀석은 로마에서 기다리고 있던 것이다!

"우아아앗!"

"왜왜? 무슨 일이야?"

준우가 소리를 지르며 갑자기 불을 켰을 때 나는 경악하지 않을 수 없었다. 무엇엔가 물린 그의 몸이 온통 빨갛게 부어오르고 있었다.

"엄청 가려워! 여기 뭐 있나 봐!"

혹시나 하는 마음에 준우의 침대 시트를 들추자 머리칼이 곤두섰다. 준우는 얼마나 놀랐는지 그 큰 몸집으로 화들짝 뛰기까지 했다. 하얀 침대 위에서 꼬물거리고 있는 것은 흡사 검은깨같이 생긴 '베드벅(빈대)'이었다. 한 마리가 보이기 시작하자 여기저기에서 나타났는데 침대 위, 베개 아래, 심지어 침대 다리에서도 기어올랐다. 그 대단한 결집력에 우리는 완전히 포위되어 있었다. 식성은 또 얼마나 포악스러운지 한번 물었다 하면 온몸을 아주 촘촘히 물어뜯어서 순식간에 부어오르게 했다. 모기에 물려도 좀처럼 붓지 않던 준우의 피부가 이 정도라니. 베드벅에 물려 병원에 실려 가기도 한다는 것이 그제야 이해가 되었다. 그대로 더 있다가는 위험했다.

우리는 당장 방어 태세에 돌입했다. 베개와 이불을 모두 걷어버리고, 2차 피해를 막기 위해 짐 가방과 옷 더미는 높은 곳에 올렸다. 그렇게 로마에서의 첫날밤을 화끈하게 보냈다. 밤새도록 날뛰는 룸메이트 베드벅과 사투를 벌이느라.

날이 밝는 대로 당장 뛰쳐나갈 것처럼 씩씩거리던 우리는 막상 아침이 되자 현실에 발목이 묶여 매우 초연한 상태가 되었다. 그새 부기가 좀 가라앉은 준우의 대단한 회복 능력도 한몫했지만, 아파트 경비원에게 휠체어 맡기는 것을 두 팔 걷고 도와주는 것도 모자라 손수 짐까지 옮겨다주던 친절한 주인 얼굴에 모진 소리를 뱉는 것이 영 겸연쩍었다. 게다가 촉박한 일정 중에 계단이 없는 숙소를 찾아내야 한다는 것은 엄청난 부담이었다. 결국 '머물기', 더 정확히는 '버티기'를 선택한 우리는 소심한 항의 쪽지를 남겼다. 그것을 본 주인은 거듭 미안하다며 우리가 외출에서 돌아오자마자 더 넓고 좋은 방으로 옮겨주었다. 하지만 그 뒤로도 베드벅은 밤마다 찾아와 방문을 두드렸다.

그렇게 이탈리아에서 숙소에 완전히 질려버린 우리는 로마 여행 마지막 날, 이번 여행 최초로 다음 여행지 니스에서 묵을 호텔을 예약하고 있었다.

로마행 타임머신을 타고

악마 같은 베드벅만 제외하면 테르미니 역 근처에 숙소를 잡은 것은 만족스러웠다. 주변에 버스가 왜 이렇게 많나 했더니, 역을 나서자마자 있는 테르미니 버스 정류장이 서울역 환승센터와 같은 역할을 하는지 온 동네 버스가 이곳으로 모여들고 있었다. 출발과 종착이 모두 이곳에서 이뤄지다니! 우리에겐 뜻밖에 찾아온 행운이자 호사였다. 가만히 앉아 있어도 버스가 줄지어 우리를 태우러 왔고, 한적한 버스의 문이 열리면 나는 미끄러지듯 부드럽게 들어가 곧장 휠체어 좌석에 자리할 수 있었다. 더 이상 사람들의 발을 밟을까 걱정하지 않아도 됐고, 여기 인파 속에 가려 보이지 않는 휠체어 사용자가 있으니 좀 비켜달라고 소리치지 않아도 됐다. 이런 상황에 제일 기뻐했던 것은 준우였다. 버스비 내라, 내가 잘 탔는지 확인하랴, 그의 눈이 두 개뿐인 것이 늘 안타까울 정도였으니까. 나중에서야 테르미니 역이 여행자들 사이의 핫 플레이스라는 것을 알았지만, 그저 콜로세움이 가까워 정한 것치고는 엄청난 소득이었다.

로마의 버스 경사로는 운전기사가 직접 설치해야 하는 백 퍼센트 수동 시스템이었다. 비록 경사로는 케케묵은 먼지들을 기침이 날 때까지 털어줘야 펼쳐질 만큼 낡은 것이었지만, 도시와 함께 나이 들어가는 버스는 노련했다. 편의시설이 드문드문 설치된 지하철역들을 보란 듯이 뛰어넘어 언제나 정확한 자리에 우리를 내려주었으니까. 우리는 매일같이 낡은 로마행 타임머신에 몸을 싣고 과거와 현재를 유유히 넘나들었다.

옛 도시의 흔적을 느끼다

로마에서 가장 좋았던 곳을 꼽으라면 주저 없이 로마포럼을 꼽을 것이다. 이제는 흔적만 남은 이곳에 뭐 볼 것 있나 싶지만, 길가의 돌하나에도 2,000년의 역사가 깃들어 있는 로마가 아닌가. 사실 로마 여행을 준비하기 전에는 콜로세움이나 피사의 사탑은 알아도 로마포럼의 존재는 잘 알지 못했다. 그러나 이곳은 종교, 경제, 정치, 행정, 사법기관이 모인 고대 로마의 중심지였다고 한다.

로마포럼에 휠체어 사용자가 접근할 때는 경사로 끝에서 엘리베이터를 타고 내려가면 된다. 가림막 하나 없이 탁 트인 상태에서 옛 도시의 흔적을 고스란히 느낄 수 있다. 돌기둥 하나에서도 고대 로마의 그 웅장했던 위용이 금방이라도 살아날 듯하다.

휠체어 로드가 따로 있지만 그 구간이 매우 짧아 성에 차지 않는다. 나중에는 돌길도 마다하지 않고 헤매게 될 만큼 로마포럼 탐험에 욕심이 생겼다.

콜로세움은 기대 밖의 즐거움을 준 곳이었다. 워낙 오래된 건물이기에 그냥 바깥에서 바라보는 정도로도 충분하다고 생각했다. 그만큼 별 기대하지 않고 들른 곳이었는데, 맙소사! 경사로가 있고 엘리베이터가 있다! 게다가 장애인 화장실까지 완벽하니 놀라울 따름. 2,000년 전의 건축물에서 편의시설들은 신식으로 반짝이고 있다. 하긴, 이곳은 그 오랜 시간 전에도 이미 경기장 전체를 덮는 차양막과 무대 위로 선수를 올리는 승강시설까지 갖췄던 곳이니 이런 편의시설 정도는 별 것 아닐지도 모르겠다. 콜로세움 내부는 또 얼마나 넓은지 엘리베이터에서 내리자 5만 명을 동시에 수용 가능한 규모답게 휠체어가 지나고도 남을 넓은 통로가 나왔다.

경기장의 중심부 말고도 복도 곳곳에 세워진 안내문에 자꾸만 눈길이 간다. 이 거대한 건물을 단 5년 만에 짓기 위해 얼마나 많은 이들의 희생이 있었을까. 지금은 로마의 상징이 된 이곳에서 왠지 희비가 교차했다.

여행은 또 다른 빛깔로 서로를 물들이고

달리는 차창으로 아침 햇살이 쏟아진다. 눈부심이 싫어 준우 쪽으로 얼굴을 돌렸더니 세상에! 이 남자의 얼굴이 태양보다 환하다. 버스는 지금 준우가 그토록 원하고 바라던 바티칸 시국으로 가고 있다. 어떤 말을 던져도 싱글벙글이다. 쿠키 몇 조각이 전부였던 부실한 아침 식사에도 그의 기분은 최고조를 향해 달려가고 있었다.

둘의 기분을 커플룩처럼 꼭 맞출 수만 있으면 좋으련만, 사실 나는 침체기에 빠진 상태였다. 준우와 함께하는 것은 좋지만 여행에는 조금 지쳐가고 있었다. 스위스에서 절정을 찍던 열정이 며칠째 하향 곡선을 그리는 중이었다. 하긴 우리가 얼마나 고생을 했던가. 가슴을 뜨겁게 달구던 융프라우가 썰물처럼 빠져나가고 피렌체라는 검은 불덩이가 그 속을 다 태워버린 건 아닐까? 여행 초기의 파릇파릇한 열정이 좀처럼 되살아나질 않았다.

그것도 모자라 스페인 계단과 트레비 분수마저 나를 버렸다! 계단에 올라 젤라또를 먹고, 동전을 직접 던지진 못해도 흑백영화 속에서 보던 그 장소를 준우와 꼭 한번 거닐고 싶었는데……. 모두 약속이라도 한 듯 공사가 한창이었다. 공사를 위해 성당에 덮인 장막에는 어마어마한 크기의 시계 광고가 인쇄되어 있었고, 눈치 빠른 행상들은 우리가 연인이라는 것을 알고(지금까지 만난 여행자들은 우리를 모두 남매혹은 부녀로 봤다) 한 걸음 한 걸음마다 장미를 들이밀었다. 진동하는 돈 냄새에 나의 핑크빛 로망은 산산조각이 났다.

저기 베르니니가 설계했다는 거대한 성 베드로 광장이 보인다. 대성당의 위용에 걸맞게 광장이 드넓게 펼쳐져 있다. 도로를 끼고 탁 트인 전경이 마치 광화문 광장의 확대판 같기도 하다. 성 베드로 대성당이 가까워질수록 가끔 "우아~" 하고 감탄사를 내뱉는 나와는 달리, 감동의 수준을 뛰어넘은 준우는 손이 차가워지고 식은땀까지 흘리고 있다. 평소 휠체어를 운전하느라 얼굴을 좀처럼 마주 볼 수는 없지만 이제는 손만 잡으면 이 사람이 얼마나 신이 나는지, 얼마나 화가 나 있는지 안다. 지금 그는 말로 다하지 못할 만큼 기쁨에 차 있다. 베드로 청동 좌상의 한쪽 발을 만질 때도, 베드로 묘소의 영혼을 휘감은 발다키노를 바라볼 때도 그를 휘감은 열기는 식을 줄 몰랐다.

환희로 가득한 그의 표정을 가만히 바라보는데 가슴에 무엇인가 가득 차올랐다. 준우가 즐거우면 나도 즐겁다는 사실을 그제야 깨달은 것이다. 여행 초반에는 느끼지 못했던 감정이다. 내가 이곳을 좋아하는 만큼 상대방도 꼭 그래야 한다고 욕심을 부린 적이 많았다. 하고 싶은 것, 즐거운 것은 분명 다를 텐데 사랑하니까 똑같아야 된다고 믿었다. 그래서 솔직한 마음을 숨겨야 했고, 다른 마음을 들키면 미안해서 어쩔 줄 몰랐다. 하지만 오늘은 다르다. 준우가 꿈꾸던 바티칸에서 서로가 느끼는 기쁨이 다르다고 실망하지 않았다. 낯선 공기를 함께 마시고, 다시는 돌아오지 못할 시간을 함께하고 있다는 것에 더 큰 의미가 있음을 깨달았다. 준우는 함께하는 여행이 이렇게나 즐겁다는 것을 알려준 첫 번째 사람이었다.

성 베드로 대성당 옥상의 성물 가게에 들렀다. 천주교 성물로 가득한 그곳에서 성당을 다니지 않는 윤영과 세례만 받고 발길을 끊은 내가 딱히 살 만한 건 없겠지만, 그래도 이곳을 추억할 수 있는 작은 물건을 사기로 했다.

그곳에서는 수녀님들이 분주하게 관광객을 맞이하고 있었다. 나에겐 생소하고 약간은 충격적인 풍경이었다. 수녀님을 본 내 입에서 처음 나온 말은 "어? 이분들이 왜 여기에?"였다. 나는 수녀님들은 종교에 대한 연구와 기도만 하며 살아가는 줄 알았다. 물건을 팔고 세시는 모습에 조금 놀라 멍하게 있는데 "한국에서 오셨어요?"라는 말이 들렸다. 놀라 나자빠질 뻔했다. 한국인 수녀님이었다. 순간 "네, 안녕하세요"라고 할지 "차오"라고 할지 고민하다 결국 아무 말도 못 했다.

가톨릭에서는 전 세계 수도자들을 바티칸으로 유학 보내는데, 공부하면서 기념품 가게 일을 돕기도 한단다. 일종의 워킹홀리데이 같은 걸까? 이분들이 기념품 가게에 계신 것도 신기한데 게다가 한국인이라니! 심지어 세 분이나 계신단다. 그런데 정작 수녀님은 우리가 더 신기해 보이는 것 같았다. 장애인이 이곳에 여행을 오리라고는 상상도 못 했다고 한다. 뭐, 나도 여기에 한국 수녀님이 계실 거란 상상을 못 했으니……

놀라움도 잠시, 우리는 손님의 본분을 다하기로 했다. 수녀님 또한 일을 시작하셨다. 친절한 설명을 곁들여 성물들을 보여주셨고, 나의 세례명에 맞는 액세서리를 골라주셨다. 같은 상품 중에서도 흠집이 적은 것, 향이 더 좋은 것을 골라주셨다. 어머니에게 선물할 장미 향 묵주, 교황님의 얼굴이 새겨진 병에 담긴 성수, 그리고 나의 세례 성인이 새겨진 액세서리까지. 작은 봉지가 가득 찼다.

계산을 마치고 윤영이 먼저 나간 사이 수녀님이 우리의 여행에 관심을 보였고 나는 간략하게 설명했다. 둘이 떠나왔고, 45일 동안 유럽 몇 나라를 함께 여행하고 있노라고.

"힘들겠다. 고생이 많겠네요."

나는 힘들지 않다고 말했지만, 어쩐지 더 이상의 말은 소용이 없을 것 같았다. 그분의 표정에서 나를 향한 연민이 느껴졌기 때문이다. 이미 나의 여행이 고난의 길이라 여기고 있는 분에게 어떤 말로 윤영과 함께여서 느끼는 행복과 즐거움, 만족을 설명할 수 있을까. 구구절절 설명할 필요는 없다. 나와 윤영을 위해 기도해주겠다는 수녀님의 따뜻한 마음만 받기로 했다.

유럽에 와서 처음으로 타인의 시선을 의식하게 된 시간이었다. 한국을 떠나온 뒤로는 거리의 사람들이 눈길을 전혀 주지 않아 신기한 적도 있었다. 간혹 한국인이나 중국인들이 우리를 신기하게 보는 시선을 느꼈지만, 우리가 무시하면 그만이었다. 하지만 이런 식의 연민은 처음이었다. 시험에서 새로운 유형의 문제를 만난 수험생처럼 머리가 하얘졌다. 우리를 가엾게 바라보는 시선이 너무 아팠다.

분실 사건

베드벅에 물린 다음 날 세탁소에 갔다. 혹시라도 이것들이 옷가지에 숨어 있기라도 하면 골치 아파진다. 세탁기에 넣어 수장시킬 작정으로 가장 뜨거운 물로 온도를 맞추고 세제도 듬뿍 넣었다. 오늘 아주 그냥 끝장을 보자!

돌아가는 빨래를 바라보며 만족감에 빠지는 찰나 윤영에게서 전화가 왔다. 그런데 수화기 너머로 가늘게 떨리는 목소리가 심상치 않다. 눈물이 맺힌 채 꾹꾹 참고 있을 얼굴이 눈앞에 선했다. 손가락으로 톡 건들면 눈물을 왈칵 쏟을 것 같은 목소리에 내 마음도 덩달아 불안해졌다.

"나 어떡해."

"왜? 무슨 일이야?"

"돈이랑 여권이 없어."

간신히 말을 뱉어내더니 결국 윤영은 울기 시작했다.

여기 숙소에는 휠체어가 아예 들어갈 수 없어서 로비 구석에 세워 놓고 돈과 여권은 방에 보관했는데 그것들을 담은 주머니가 없다는 것이었다. 밖으로 나갈 때는 윤영이 휠체어 방석 속에 잘 챙겼지만 숙소에 들어갈 때는 내 가방에 옮겨 담았었다. 내 가방을 잘 찾아보라고 일렀더니 그 말이 오히려 그녀의 눈물샘을 더 자극했다. 이미 열어보았다고 한다. 이건 장난이 아니라는 걸 직감했다. 이 아가씨 지금 멘탈이 산산이 부서졌다. 나는 빨래가 끝나는 대로 바로 달려가겠다며 윤영을 진정시키고 전화를 끊었다. 그녀는 들어올 때 휠체어 방석도 체크해달라고 신신당부했다. 건조기에 남은 시간이 너무 천천히 흐르는 것 같았다.

숙소에 도착하자마자 휠체어 방석을 살폈다. 아무것도 없었다. 이제 남은 것은 내 가방. 거기에도 없다면 진짜 큰일이다. 계단을 오르는 발걸음이 무겁다. 방에 들어가니 침대 위에 망연자실한 윤영이 앉아 있었다. 나를 보는 그녀의 입술은 가늘게 떨렸고, 머리는 헝클어져 있었다. 이마에는 '우린 망했어'가 대문짝만 하게 적혀 있었다.

나는 빨래를 바닥에 놓고 가방 뒷주머니를 열었다. 그 안에는 윤영의 돈봉투와 여권이 담긴 지퍼백이 멀쩡히 있었다. 다행이었다. 그것을 본 윤영은 꾹 참고 참았던 눈물을 왈칵 터뜨렸다. 내 품에 안겨서는 불안해 죽는 줄 알았다며 눈물 범벅이 된 얼굴로 나를 올려본다. 그걸 가방 뒷주머니에 넣으면 어떻게 하냐며 도리어 볼멘소리를 한다.

윤영의 새로운 모습을 발견하는 순간이었다. 언제나 자신감이 넘치고 매사 강단 있는 그녀였기 때문에, 다른 무엇도 아닌 불안함 따위에 울음을 터뜨린다는 것은 상상도 할 수 없었다. 언제나 물건을 잃어버리는 것은 내 쪽이었고 그것을 챙기는 것은 윤영의 몫이었다. 나는 윤영이 혼란에 빠졌을 때 어떤 반응을 보이는지를 오늘 처음 본 것이다. 우느라 애써 열심히 한 화장이 다 지워진 윤영이 너무나 귀여워서 그대로 나가자고 했다가 또 혼나고 말았다.

* 대중교통

버스 모든 버스가 저상은 아니지만 주요 관광지로 향하는 노선은 대부분 저상버스를 운행한다. 다만 기사가 직접 경사로를 펼쳐줘야 하는 수동식. 실제로 버스 기사에게 경사로 열쇠가 없어 탑승하지 못한 일도 있었다. 버스 정류장에서 버스 번호 옆을 보면 휠체어 표시가 있는 버스와 그렇지 않은 버스가 있다. 휠체어 표시가 있는 버스만 저상이다. 장애인 할인은 없다.

지하철 시내의 주요 관광지를 갈 수 있는 4개의 노선이 있다. 모든 역에 편의 시설이 있는 것은 아니다. 이용 전 사전 조사가 필요하다.

트램 노선이 하나밖에 없어 이동하기에 유용한 수단이 아니다.

* 여기에 가볼까?

바티칸 시국 세계에서 가장 작은 도시국가. 가톨릭 성지를 방문하려는 신도와 관광객으로 늘 붐빈다. 성 베드로 성당, 시스티나 성당, 바티칸 박물관까지 여유롭게 돌아보기 위해서는 오전 일찍 방문하는 것이 좋다.

입장 시 특이 사항
- 성 베드로 대성당
• 매표소는 관람객의 매표와 짐 검사로 많은 시간이 소요되지만 장애인은 우선 입장할 수 있다.
• 1층 게이트를 통해 입장할 수 있고 장애인 화장실, 엘리베이터를 이용할 수 있다.
• 직원의 안내를 받으면 옥상에 오를 수도 있는데, 성 베드로 광장과 저 멀리 로마의 전경을 내려다볼 수 있다. 다만 성당의 돔은 계단으로 이어져 휠체어 접근이 어렵다.
- 바티칸 박물관
• 총 2개의 관이 있고 3개의 안뜰이 있다. 시스티나 성당으로 향하는 길은 계단이지만 직원 안내를 받아 다른 길로 돌아갈 수 있다.
• 성 베드로 성당, 옥상 엘리베이터, 바티칸 박물관은 장애인 및 동반 1인 무료.

편의시설
- 성 베드로 성당과 바티칸 박물관 1층에 장애인 화장실과 엘리베이터가 있다.
- 시스티나 성당은 리프트를 이용해서 입장할 수 있다.

바티칸 시국

콜로세움 로마의 최대 랜드마크. 최대 5만 명을 수용할 수 있었던 고대 로마 유적이다.

입장 시 특이 사항
- 장애인 및 동반 1인 무료. 장애인은 우선 입장할 수 있다.

편의시설
- 매표소 부근에 장애인 화장실이 있다.
- 1층과 2층을 오가는 엘리베이터가 있어 비장애인과 같은 동선으로 관람할 수 있다.
- 지하실과 꼭대기 층을 둘러보고 싶다면 가이드 투어를 신청하면 되지만, 계단뿐이라 휠체어 접근이 어렵다.
- 내부에 장애인 화장실이 있다.

트레비 분수 〈로마의 휴일〉에서 오드리 햅번이 동전을 던졌던 장소. 이곳에서는 전 세계의 동전을 볼 수 있는데 분수를 등지고 한 번 던지면 로마에 다시 오게 되고, 두 번 던지면 연인과의 사랑을 이루고, 세 번 던지면 소원이 이루어진다고 한다.

스페인 광장 17세기 스페인 대사관이 있었던 자리. 현재는 로마 시내에서 가장 활기찬 곳이다. 〈로마의 휴일〉의 한 장면을 떠올리며 이곳을 찾는 이들이 많다. 주변은 꽃을 팔거나 호객 행위를 하는 상인들로 넘치지만 그만큼 다양한 가게와 재미있는 상점도 많아 구경하기 좋다.

로마포럼 로마 시대의 포럼은 시장과 광장, 신전이 모인 일종의 아케이드였다. 공공시설, 일상적인 시설이 모여 있었기 때문에 고대 로마에서 가장 중요한 곳이었을 것이다. 지금은 흔적만 남았지만 세월이 지나도 유적을 통해 로마 제국의 권력과 힘을 느낄 수 있다. 포럼 끝자락에 있는 티투스 개선문을 통해 콜로세움으로 향할 수 있다.

입장 시 특이 사항
- 매표소를 통과해 엘리베이터로 유적지에 입장할 수 있다. 곳곳에 휠체어로 갈 수 있는 길이 표시되어 있지만, 노면이 울퉁불퉁하고 좁은 곳도 많다. 전망대로 가려면 언덕을 크게 돌아가야 한다.
- 장애인 및 동반 1인 무료.

편의시설
- 내부를 둘러볼 수 있는 건축물들은 턱이나 계단이 많지만, 입장을 원할 경우 리프트 서비스를 요청할 수 있다.
- 내부에 장애인 화장실이 있다.

로마포럼 전망을 보기 위한 낮은 경사로

로마포럼 휠체어 전용길

tip

로마 관광안내소 이용하기

테르미니 역 내부에 관광안내소가 있다. 대중교통 이용권 및 로마패스 등을 구매할 수 있다. 지하철에 대한 정보를 요청하면 각 역별로 편의시설을 확인해서 알려준다.

니스

다시 들른 프랑스
상상 속 유럽 여행이 실현되는 곳

지금 이곳이 어디인지 몰라도 아침부터 시작된 기차 여행의 끝이 보이는 듯했다. 어느새 땅거미가 내려앉은 창밖에는 검은빛이 넘실거리는 바다가 보였다 안 보였다 한다. 3년 전 야간열차를 타고 갔던 정동진이 생각나 피식 웃음이 나왔다.

"역에 내리자마자 쉬었다 가라고, 휠체어도 들어갈 수 있다고 호객하던 아주머니들 생각나?"

"응? 뭐가?"

"3년 전 정동진 말이야."

"하하. 그 모텔 홍보하던 사람들……."

"우리 그런 사이 아니라고 막 손사래 쳤는데… 푸흡!"

서울살이에 지쳐갈 때쯤 그저 도시만 벗어나면 그렇게 좋던 때가 있었다. 그날도 퇴근 후 맥주를 마시는데 불현듯 바다가 너무나 보고 싶었다. 그 순간을 놓치지 않고 "언제 갈까?"라고 묻는 그와 정확히

일주일 뒤 정동진 해변에 함께 서 있었다. 비록 비바람이 치는 통에 우산은 찢기고 해돋이는 구경도 못 한 채 날이 밝아버렸지만, 지금도 그날이 낭만적으로 기억되는 이유는 수줍게 떨리던 그의 고백이 있었기 때문이다. 그날의 준우와 지구 반대편까지 함께 오게 될 줄은 상상도 하지 못했다. 니스에서는 어떤 추억이 쌓일지 다시 묘한 설렘이 찾아왔다.

야자수 사이로 오렌지빛 가로등이 반짝였고 그 불빛에 드러나 보이는 도로는 매끈하고 깨끗했다. 모든 축제가 끝난 뒤 찾아온 니스는 예상대로 조용해서 본능적으로 '여기서는 편하겠구나'라는 생각이 들었다. 피부에 스치는 바람결은 찐득했다. 숨을 들이쉴 때마다 습한 공기가 들어왔지만, 그마저도 좋았다. 우리에게 니스는 이탈리아에서 스페인으로 들어가는 경유지면서 어떠한 목적도 없이 찾아온 곳이었다. 가이드북에서는 비가 많이 오는 봄가을보다 이왕이면 해수욕도 즐기고 축제에 참여할 수 있는 여름과 겨울에 오라 당부했지만, 청개구리 같은 우리에게 그런 것은 중요하지 않았다.

야호! 호텔이다!

여행 한 달 만에 처음으로 만나는 호텔이었다. 비록 비즈니스 호텔이어서 엘리베이터는 휠체어 한 대가 겨우 들어갈 정도였고 침대 앞까지만 휠체어를 움직일 수 있는 작은 방이었지만, 밤마다 베드벅이 날뛰던 로마 숙소에 비하면 천국이 따로 없었다. 손에 닿는 모든 부분이 눅눅함 없이 뽀송뽀송했고 냄새 없는 화장실은 쾌적했다. 새하얀 침구에 몸을 누이면 구름 위에 누운 것처럼 스르륵 잠에 빠졌다. 지난 숙소에서 고생한 우리에게 주는 보상으로 예정에도 없는 지출을 하게 됐지만, 숙소가 여행에서 차지하는 역할이 생각보다 큰 것임을 새삼 깨달았다.

호텔에서 멀지 않은 곳에 마트도 있었다. 자동문이 열리자 3~4개의 계단이 바로 눈앞에 펼쳐지는 충격적인 현장과 맞닥뜨렸지만, 다행히 한쪽에 리프트가 보였다. 고객이 언제든지 직접 사용할 수 있도록 잠겨 있지 않은 것이 마음에 들었다. 리프트를 타고 올라가 우리 여행에 빠질 수 없는 맥주와 과일을 준우와 함께 골랐다. 그리고 멀지 않은 곳에 있는 아시아 패스트푸드점에서 칠리 새우, 깐풍기, 볶음밥을 사서 호텔에 돌아왔다. 얼마 만의 동양 음식인지 매운맛이 혀에 닿자 짜릿한 전율이 느껴졌다. 마치 캡사이신이 몸의 필수요소인 것처럼 우리는 넋을 잃고 음식을 게걸스럽게 먹어치웠다.

니스에서의 아침이 밝았다. 근 한 달 만에 까슬까슬한 침대에 파묻혀 잠을 깊이 잔 데다 팔자에도 없는 호텔 조식까지 먹었으니 어느 아침보다 힘이 넘쳤다. 해가 질 때까지 어디 한번 제대로 놀아보자는 눈빛을 준우와 나눈다. 관광안내소는 호텔을 나서자마자 보였다. 해안가에서 멀어질수록 숙박비가 저렴해 역 근처에 얻은 것이었는데 소 뒷걸음질 치다 쥐 잡은 격이 이런 것일까. 마트도 관광안내소도 모두 가까워 우리에겐 오히려 득이 되었다. 지도를 받아 화장실을 체크하고, 꽃시장으로 유명한 살레야 시장 위치까지 확인하자 니스를 누빌 채비가 끝났다.

니스의 중심가로 접어들수록 탄성이 절로 나왔다. 마세나 광장의 너른 길 한복판에 트램이 다니고 사람들은 그 사이를 유유자적 거닐고 있었다. 거리는 얼마나 깨끗한지 바닥에 햇살이 반사되어 눈이 부실 정도였다. 일광욕하는 사람, 아이의 손을 잡고 산책을 즐기는 사람……. 평일이라고는 믿기지 않을 만큼 더없이 느긋하고 평화로운 아침이었다.

"우리 여기서 하루만 더 머물까?"

"진짜? 나는 좋아! 더구나 누나가 제안한 건 오늘이 처음이잖아?"

"그러네. 헤헤. 나 여기가 완전 좋아!"

반짝반짝 빛나는 거리에 여유로운 사람들. 늘 꿈꾸던 상상 속의 유럽을 드디어 만난 듯했다. 지면이 너르고 고른 덕분에 늘 땅으로 향하던 시선이 드디어 정면과 주변을 향하게 되었다. 유럽에 와서 휠체어 사용자를 하루에 열 명도 넘게 본 곳도 니스가 처음이었다. 휠체어에 줄을 묶어 강아지를 산책시키는 사람, 야외 테이블에서 신문을 보는 사람, 친구들과 수다를 떠는 사람들. 그들의 생활도 지금 내가 느끼는 것만큼이나 편안해 보였다.

해변 가까이에 가자 살레야 시장이 나왔다. 많은 사람으로 활기가 넘쳤고 싱그러운 꽃, 윤기 나는 과일, 향수, 올리브와 향신료들이 가득했다. 나는 알록달록 향긋한 꽃차에 마음이 사로잡혀 짐이 불어나는 것도 모르고 차 봉지를 널컥 집어 들었다.

준우, 바다에 뛰어들다

떠나기 전 나는 몇 번이고 준우에게 말했다.

"어딘가 들어가고 싶거나 하고 싶은 것이 생기면 내 생각 말고 꼭 해야 해. 알겠지?"

그때마다 웃어넘기는 준우가 영 못 미더웠지만 다짐받고 싶어 나중에는 거의 채근하듯 대답을 받아냈다.

나는 물리적인 환경에 따라 가능과 불가능 사이를 아슬아슬하게 넘나드는 삶을 산다. 그런 한계 앞에서 포기하는 것쯤은 이제 아무렇지도 않았다. 그러나 그는 다르다. 나처럼 똑같이 포기하게 하고 싶은 생각은 추호도 없었다. 더구나 해외여행은 좀처럼 오기 힘든 기회다. 나는 그에게 손톱만큼의 후회라도 남길까 조마조마한데, 그런 내 맘을 아는지 모르는지 그는 여행 내내 좀처럼 나서는 일이 없었다. 지금 이 사람이 나 때문에 억누르고 있는 것인지 아니면 진짜 괜찮은 것인지 분간할 수 없었다. 니스 해변 앞에 서기 전까지는 말이다.

바다를 바라보는 준우의 눈빛이 처음으로 흔들리는 것을 눈치챘다. 그때부터 머리는 '내가 입수가 가능할까 아닐까' 저울질을 시작했다. 해변으로 접근할 수 있는 경사로는 있었지만, 가을바람이 부는 니스는 제법 서늘했다. 물에 젖어 무거워진 몸으로 휠체어에 앉고 싶지 않았다. 역시 입수는 부담스러웠다. 그런 내 마음을 읽었는지 준우는 바다에 들어가보고 싶다고 말하면서도 수건을 준비해 오지 않았다며 금방 단념한다. 수건 따위로 망설일 그가 아닌데 자꾸만 주춤주춤하더니 결국 본심이 나왔다.

"내가 바다에 들어가 있는 동안 누나는 기다려야 하잖아. 혼자서 외로울 거야."

아, 이렇게 바보 같은 사람이 세상에 또 있을까. 나는 신나게 그를 떠밀었다. 다녀오라는 내 한마디에 준우가 바다를 향해 거침없이 뛰었다. 내 가슴도 함께 뛰었다. 허우적거리는 준우 모습에 웃음을 참으며 몇 번이고 셔터를 눌러 카메라에 이 순간을 담았다.

세상에는 다양한 사람이 있다. 그리고 다양한 모습의 사랑이 있다. 같이 뛰어들지 않아도, 바라보는 것만으로도 충분한 우리의 사랑도 그중 하나다. 준우가 웃는다. 나도 웃는다. 행복하다.

여행을 준비하며 가장 걱정한 것은 '우리 관계'였다. 혼자 여행을 다니는 동안, 수많은 커플이 사소한 일로 싸우고 관계가 틀어지는 것을 두 눈으로 생생히 목격했다. 〈우리 방금 결혼했어요〉라는 영화도 떠올랐다. 신혼여행 중 사소한 실수와 오해가 반복되어 원수만도 못한 사이가 되어가는 커플의 이야기. 물론 영화는 해피엔딩이지만 현실에서 그게 어디 그렇게 쉬울까. 우리는 무사히 돌아와야 한다. 여행이라는 특수한 상황에서 어떤 갈등이 생길지 미리 가늠해보고 그것을 어떻게 풀어야 할지 고민했다. 그렇게 세워진 몇 가지 여행 규칙.

첫째. 싸우더라도 서로 다른 길 가지 않기
둘째. 마음속 불만이 쌓여 넘치기 전에 대화로 풀기
셋째. 하고 싶은 게 있다면 눈치 보지 않고 말하기
넷째. 내 의견에 따른 다음엔 무조건 너의 의견에 따르기

그리고 마지막으로 하나 더. 윤영이 할 수 없는 것은 나도 하지 않기. 이건 나만의 규칙이었다. 함께하는 여행이니 윤영과 함께하지 못한다면 아무 의미가 없다. 그녀의 물리적 제약까지 함께 공유하기로 마음먹었다.

하지만 이런 내 마음을 흔들어버린 곳이 있었으니 그곳은 바로 니스 해변이었다. '코트다쥐르(남프랑스 마르세유에서 이탈리아 국경에 이르

는 지중해 연안 지역)의 꽃'이라 불리는 해변. 신이 천국에 있는 바다를 조금 떼어 여기에 놓았다고 해도 난 믿었을 거다. 11월에도 따뜻한 날씨. 바다를 즐기기에 더없이 좋은 날이었다. 해변에 누워 일광욕을 즐기는 사람들, 물놀이하는 가족, 수영 솜씨를 뽐내는 아저씨……. 저마다 각자의 방식으로 바다를 즐기고 있었다. 비수기에 온 것이 참 다행이란 생각이 들었다. 해변이 사람들로 가득했다면 저 아름다운 풍경을 한눈에 담을 수 없었을 것이다.

장애인 전용 해변이 있긴 했지만 윤영은 굳이 들어가지 않고 멀리서 보는 바다에 만족하고 있었다. 들어가자고 하면 화장이 지워진다며 거부할 그녀였다. 하지만 나는 마음속에 갈등의 파도가 거세게 치고 있었다. 저 아름다운 바다에 들어가보고 싶다. 하지만 윤영은 함께할 수 없다. 어떻게 하면 좋을까? 혼자 바다에서 놀고 오자니, 혼자 있을 윤영이 걱정된다.

"나 물에 한번 들어가볼까?"

"오! 진짜? 그럼 가야지. 뭘 망설여."

"하지만 수건도 없고, 내가 바다에 있는 동안 누나 혼자서 외로울 거 아냐."

"무슨 소리! 하고 싶은 건 해야지. 어서 다녀와."

뜻밖에도 윤영은 우물쭈물한 나와 달리 어서 다녀오라며 나를 시원하게 바다로 밀어 보냈다. 윤영의 배려에 힘입어 혼자 해변으로 내려갔다. 자갈 위에 윗옷과 바지, 신발을 가지런히 놓았다. 자갈이 발바닥을 콕콕 찔렀지만 발가락 사이를 간질이는 물거품의 시원함 덕분에

"코트다쥐르의 꽃이라 불리는 니스 해변!
신이 천국에 있는 바다를 조금 떼어 여기에 놓았다고 해도 난 믿었을 거다."

아픔은 느껴지지 않았다.

박력 넘치게 바다에 뛰어들어 윤영에게 멋진 뒤태를 보이고 싶었지만, 현실은 얕은 물에서 허우적허우적 개헤엄을 치는 모습이 다였다. 까르륵거리는 그녀의 웃음소리가 저 멀리서 들리는 것만 같은 착각이 들었다(나중에 확인해보니 착각이 아니었다!). 물 밖에 머리만 내놓으니 따뜻한 햇볕과 시원한 바람, 차가운 바다가 동시에 느껴졌다. '이것이 니스 해변, 니스의 자연이구나!' 입은 짜고 코는 따가운 이 순간에도 온몸으로 니스를 즐기고 있다는 사실에 가슴이 벅차올랐다.

밖으로 나와 태양에 달구어진 자갈에 몸을 뉘니 군밤이 따로 없었다. 아니, 맥반석 오징어에 가까울지도 모르겠다. 바람과 햇살에 젖은 몸이 천천히 말라갔다. 물기가 마르자 대충 옷을 입고 날 기다리고 있는 윤영에게로 갔다. 흐뭇한 미소로 두 팔 벌려 나를 반겼다.

우리는 해변에 앉아 함께 바다를 바라봤다. 그녀는 물에 들어간 내 모습을 카메라에 담았다며 몇 번이나 자랑했다. 두고두고 놀림감이 될 것 같아 카메라를 빼앗아 지우려고 했지만, 평생 놀림감을 사수하려는 그녀의 기세에 결국 지고 말았다.

니스에서의 삼고초려

'오늘 한 끼는 또 어떻게 해결하지?'

인류의 숙명적인 고민은 여행에서도 계속된다. 혼자 여행하면 간단하게 때우고 말 텐데 함께하는 여행이니 메뉴 선정에도 의견을 맞춰야 한다. 그래도 몇 날 며칠을 함께 붙어 있으니 신기하게도 마음이 잘 맞는다. 숙소에서 간단히 먹고 싶을 때도, 좋은 식당에서 맛있는 것을 먹고 싶을 때도 타이밍이 귀신같이 들어맞았다. 가끔은 아낀 여비로 근사한 레스토랑에서 기분을 내기도 했다. '한 도시에서 맛있는 식사 한 번'이라는 계획을 여행 전부터 세워놨기 때문에 가능한 것이었는지도 모르겠다.

살레야 거리는 꽃향기로 가득한 곳이었다. 꽃차, 방향용품, 향수, 비누 등 갖가지 향에 정신을 차릴 수 없었다. 꽃차에 한창 정신이 팔려 있는데 어디선가 "펑!" 하는 소리가 들렸다. 우리는 깜짝 놀라 하늘을 바라보았지만 상인은 태연히 어깨를 으쓱한다.

"12시가 되었다는 소리예요. 밥 먹을 시간이라는 거죠."

그 엉뚱한 말을 믿어야 할지 말아야 할지 알 수는 없었지만 신기하게도 배가 고파졌다. 우리는 샌드위치를 사서 해변을 바라보며 점심을 먹었다. 배경은 멋졌지만 특별할 것 없는 점심 메뉴였다.

"준우야. 오늘 저녁에는 맛있는 거 먹으러 가보지 않을래?"

샌드위치를 한입에 털어 넣고 가이드북을 살폈다. 그때 한 식당 소개 글에 들어간 '미슐랭'이라는 단어가 눈길을 끌었다. 자세히 읽어보니 미슐랭 3스타를 받은 셰프가 운영하는 곳이란다. 여행지 정보는 허투루 지나가는데 식당 정보는 참 꼼꼼하게도 읽힌다. 그곳은 니스 구시가지에 있는 작은 식당 '라 메랑다'였다. 그렇게 저녁 장소가 결정되었다.

저녁 6시. 우리는 라 메랑다를 찾았다. 외관이 어찌나 평범하고 허름한지, 식당인 줄 몰랐다면 그냥 지나쳤을 거다. 그러나 3스타 셰프가 만드는 음식은 쉽게 맛볼 수 있는 것이 아니었다. 예약이 필수리는 사실을 몰랐던 우리는 그날 저녁은 발걸음을 돌려야만 했다. 터덜터 덜 숙소로 돌아오는 발걸음이 무거웠다.

다음 날, 기차역에 들러 바르셀로나로 향하는 기차를 예약하고 바로 라 메랑다로 달려갔다. 꽤 부지런히 움직였기에 설마 하는 마음이 들면서도 발걸음은 점점 빨라졌다. 그러나 우리를 기다리고 있는 것은 맛있는 식사가 아니라 점심과 저녁 7시 예약이 모두 마감되었다는 소식이었다. 이제는 단순한 호기심을 넘어서 어떻게든 여기서 식사를 하고 말겠다는 오기가 생겼다. 가까스로 밤 9시 자리를 예약하고 식당을 나섰다. 맛없기만 해봐라! 전의가 활활 불타올랐다.

몇 안 되는 테이블에 스무 명이 끼어 앉을 만큼 식당은 작았다. 메뉴는 불어로 쓰여 있었고, 앞치마를 두른 키 큰 아저씨가 영어로 설명해주었지만 우리는 알아듣는 게 거의 없었다. 애피타이저로는 바질 페스토 파스타와 치즈 샐러드를, 주 메뉴는 돼지고기 스튜와 소 내장 요리를 시켰다. 메뉴 선택이 탁월했나 보다. 얼굴이 와인색으로 물든 옆자리 아저씨는 윤영의 메뉴를 가리키더니 엄지를 척 치켜 올렸다. 그러고는 자신도 이 메뉴를 먹을 거라며 웨이터에게 손짓한다.

식사는 폭풍같이 지나갔다. 음식은 입안에 넣자마자 사르르 녹아서 없어져버렸다. 불타던 전의는 우리 마음속 어디에도 없었다. 그저 이 음식을 즐기자는 본능만이 가득할 뿐이었다. 그래도 미슐랭 3스타 셰프의 요리인데, 맛이 어떤지 음미하기도 전에 모든 걸 삼켜버렸다. 배가 불렀지만 디저트를 하나 더 주문했다. 작은 파이 조각이었는데 오늘 식사의 화룡점정이자 완벽한 마무리였다. 한입 넣자마자 깔끔하고 고소한 맛이 정신없이 휘몰아쳤다.

계산을 마치고 셰프와 악수까지 하고서야 식당을 나왔다. 밤은 더 깊어졌고 가로등은 밝게 빛났다. 룰루랄라 숙소로 돌아오는 발걸음이 가볍다. 오늘의 환한 니스 거리는 마치 축제의 한 장면 같아 기분이 들떴다. 맥주도 와인도 없지만 술이라도 취한 듯, 세상에서 가장 흥겨운 밤거리를 걷는 느낌이었다.

＊ 대중교통

버스와 트램이 니스 역에서 해변, 구시가지 등 주요 관광지를 연결한다. 모든 버스가 저상이며 트램 승강장에 턱이 없다.

＊ 여기에 가볼까?

니스 해변 코트다쥐르의 꽃이라 불리는 아름다운 해변. 7km 정도 펼쳐진 해변에는 니스의 오래된 건축물과 호텔이 많아 산책하며 주변을 둘러보기에 좋다.

입장 시 특이 사항

- 해변은 전부 자갈이고 진입로도 대부분 계단이라 접근이 어렵다.
- 알버트 1er 공원 주변의 두 해변 'Plage de Carras'와 'Plage du Centenaire'은 장애인이 이용할 수 있는 해변이며 특히 Plage de Carras에는 시각장애인을 위한 서비스와 보조기구가 있다.
- 바닷가의 호텔은 프라이빗 해변이 있어 호텔 투숙객만 이용할 수 있는 서비스를 제공한다. 상대적으로 붐비지 않고 비치 의자, 파라솔이 있어 편리하다.

MAMAC 니스의 현대미술관. 옥상은 니스 시내를 한눈에 조망할 수 있는 전망대이다.

입장 시 특이 사항

- 출입구는 2층에 있는데 1층 계단 안쪽의 작은 엘리베이터를 이용하면 된다.
- 장애인 및 동반 1인 무료.

편의시설

- 내부 엘리베이터를 이용해 4층까지 둘러볼 수 있다. 전망대로 가려면 4층에서 다시 옥상용 엘리베이터로 갈아타야 한다.
- 옥상 출입문에 낮은 턱이 있으므로 주의할 것. 높낮이차가 있는 옥상 바닥면들을 잇는 길이 모두 계단이라 휠체어 사용자는 옥상 입구 쪽에서만 조망할 수 있다.
- 장애인 화장실은 1층 로비에 있다.

살레야 거리 '영국인 거리'라 불린다. 오후 2시까지만 열리는 시장으로 길 하나를 따라 길게 늘어선 것이 특징. 니스 꽃시장이라 불리기도 하는데 생화, 꽃으로 만든 방향제, 비누, 꽃차 등 다양한 상품을 판매한다. 싱싱한 과일과 다양한 먹거리도 판매한다.

입장 시 특이 사항
• 니스에서 가장 유명한 시장이라 몹시 붐빈다. 오후 2시가 넘으면 상점은 오간 데 없고 평범한 거리가 되어버리니 되도록 일찍 방문하는 것을 추천한다.

살레야 거리

tip

니스 관광안내소 이용하기
니스역 주변 관광안내소에서 지도를 받을 수 있다. 니스에는 파리, 디종과 달리 무료 개방 화장실이 없다. 시내 곳곳에 유료 화장실이 있고, 장애인은 무료로 이용할 수 있다. 모든 화장실에 장애인 편의시설이 있는 것은 아니어서 알버트 1er 공원 주변의 화장실을 추천한다. 관광안내소에서 지도를 받을 때 화장실의 위치를 알려달라고 하면 지도에 표시해준다. 니스 관광안내소 홈페이지에서 〈Accessible Nice〉라는 관광 안내 책자를 내려받을 수 있다. 교통, 호텔, 식당, 화장실의 위치 등 다양한 관광 정보를 확인할 수 있다.
+ 홈페이지 : http://en.nicetourisme.com/maps-and-brochures

니스에서

〰〰〰〰〰〰 〉 스페인으로

 니스를 떠나는 기차가 들어왔어. 좌석은 한 칸에 4자리씩 있었는데, 마치 해리포터가 호그와트에 갈 때 타고 가는 기차 같았지. 방에 앉아 있는데 창밖은 계속해서 움직이는 거야. 그 기분이 너무나 좋았어. 보통 이런 기차에서는 우연한 만남을 기대하게 되잖아? 하지만 이 칸은 우리의 전용 좌석이었고, 내 옆에는 헤르미온느보다 더 예쁜 윤영이 있는데 뭐가 더 필요하겠어.

응. 맞아, 얼마나 설렜는지 준우는 기차에 오르자마자 곯아떨어지더라? 결국 나까지 달콤하게 한잠 자버렸지 뭐야. 눈을 뜨니 우리는 마르세유에 도착해 있었어. 그런데 이상하다? 십 분, 이십 분이 지났는데도 기차가 출발할 기미가 영 없는 거야. 어디선가 스멀스멀 올라오는 불안한 기운을 느꼈는지 준우도 일어섰어. 이상기류를 포착한 준우가 원인을 조사하기 위해 나섰어. 플랫폼에서 승무원과 이야기를 나누다 한참 만에 돌아온 준우 특파원의 표정은 매우 어두웠지.

"철로에 문제가 생겼는데 자기들도 언제 출발할지 모른대."

"헉. 우리 환승도 해야 하잖아!?"

"아! 그건 걱정하지 말래. 기차 연계해주겠대."

그렇게 4시간이 흘렀어. 맙소사! 말이 4시간이지 그동안 한 뼘도 나아가지 못한 채 기차 안에 그대로 갇혀 있었던 거야. 무료함을 달래주던 노트북은 오래전에 꺼졌고 간식으로 챙겨 온 육포는 이제 비상식량으로 지정돼 함부로 먹을 수도 없게 되었어. 하지만 이런 문제들은 앞으로 우리에게 벌어질 일에 비하면 걱정 축에도 끼지 못할 거야.

아침에 출발한 기차에서 내리니 밤 9시였어. 우리가 갈아탔어야 할 바르셀로나행 기차는 이미 몇 시간 전에 출발한 뒤였지. 불안과 걱정을 안고 안내원을 따라 인포메이션으로 향했어. 그곳은 이미 포화 상태였지. 우리처럼 기차를 놓친 사람이 한둘이겠어? 그 한가운데 역장이 있었어. 영화 〈크리스마스의 악몽〉에 나오는 시장이랑 똑 닮은 사람이었어.

그는 항의하는 사람들을 진정시키며 기차를 타고 페르피냥으로 가서 바르셀로나까지 버스를 탈 수 있도록 연계해주겠다고 했어. 버스래, 버스! 시외버스를 타고 바르셀로나로 가래. 시외버스에 휠체어가 탈 수나 있을까? 아니, 새벽에 도착한다고 쳐. 지하철과 버스가 새벽에도 있을까? 숙소까지 어떻게 가지? 심지어 체크인은 밤 11시까지였단 말이야. 아무리 생각해도 답이 나오질 않았어. 이렇게 노숙을 하게 되는 걸까. 생각만 해도 머리가 지끈했어.

사람들을 비집고 들어가 그 사람에게 윤영을 보여주며 물었어. "여기 휠체어를 탄 장애인이 있다. 당신이 말한 그 버스에 이 사람의 휠체어를 실을 수 있는가?" 그러자 그의 눈동자가 마구 흔들렸어. 아, 저게 동공 지진이구나. 그때 알았어. 그 사람은 떨리는 목소리로 "Yes, You can"이라고 말했어. 난 다시 확인했어. 진짜냐고. 그랬더니 그는 정말이라고 힘주어 말하는데 눈동자의 떨림은 여전했어. 정말 믿음이 하나도 안 가더라.

어쩌겠어. 그가 아무리 못 미더워도 지금은 앞으로 나아가는 것 외에 우리가 할 수 있는 일이 없잖아. 잔뜩 풀 죽어 페르피냥행 기차에 올랐는데 우리는 그곳에서 인간 세계에 내려온 한 명의 천사를 만났어. 정말이야. 그녀는 '엠마'라는 이름표를 달고서 우리에게 다가왔어.

"어디까지 가세요?"

"바르셀로나요."

기름기 좔좔 떡진 머리에 종일 굶어 수척해진 몽골의 동양인의 입에서 생각지도 못한 지명이 튀어나오자 그녀는 놀란 토끼 눈이 되었어. 우리가 탄 이 기차는 바르셀로나가 아닌 프랑스 국경 지역으로 향하는 막차였거든.

"음, 그게 그러니까. 오늘 아침 니스에서 출발했는데……."

아직도 끝나지 않은 이 길고 긴 여정에 대해 또다시 설명할 시간이었어. 준우가 힘겹게 운을 뗐지. 그런데 엠마는 첫마디를 듣자마자 더 설명하지 않아도 된다는 제스처와 함께 말을 가로채더니 이 사건의 경위를 단번에 파악하는 노련미를 보여주었지.

"아, 연착되었군요?"

"네."

"그럼 페르피냥에서 야간 버스를 타야겠네요."

때가 왔어. 이제는 우리 쪽에서 가장 중요한 것을 물어볼 차례야. 그녀의 따스한 눈빛과 차분한 목소리에서 우리 이야기에 얼마나 귀 기울이고 있는지 느껴졌어. 그녀라면 신뢰할 수 있을 것 같아.

"그래서 말인데요. 그 야간 버스가 저상인지 알아봐주실 수 있나요?"

"오, 그렇군요! 잠시만요."

조심스러운 우리의 요청을 이렇게 시원하게 받아주다니. 곧이어 돌아온 엠마는 우리 앞에 아예 자리를 잡고 앉았어. 의미심장했지.

"제가 확인해본 바로는 휠체어가 탈 수 있는 저상버스가 없다고 하네요."

"아……."

거봐! 거짓말을 하면서까지 우릴 떠밀듯 보내버렸다니! 우리가 어떻게 되든 자기네 책임만 회피하면 된다는 거 아냐. 화가 이글이글 끓어오르려는 순간 그녀는 말을 이어갔어.

"페르피냥 역에 도착하면 바로 옆에 호텔이 있어요. 오늘 밤은 거기에서 묵고 내일 아침 바르셀로나행 열차를 타면 어떨까요? 두 분이 동의하신다면 제가 호텔 예약과 티켓 변경을 도와드릴게요."

방금 우리가 들은 게 진짜일까 귀를 의심했어. 생각해봐. 디종에서는 장애인 좌석에 대한 개념조차 없는 역무원 니콜이 우리 속을 뒤집어놓았고, 조금 전 기차가 연착하자 빨리 처리해버려야 할 물건처럼 우릴 버스로 떠밀었잖아. 아무도 책임지려 하지 않았던 문제를 엠마는 자신이 떠안기로 한 거야. 고객 서비스를 뛰어넘은 선의가 느껴졌어. 우리는 고민 끝에 그녀의 제안을 받아들이기로 했어.

"정말 감사합니다."

"아니에요. 오늘 벌어진 일은 저희 책임인걸요. 죄송합니다."

결국, 이 한마디였을까. 중요한 것은 호텔도 티켓도 아니었어. 그녀에게 사과를 받았을 때 우리는 누가 먼저랄 것도 없이 왈칵 눈시울이 붉어졌거든. 진심 어린 사과와 공감이 이렇게 큰 위안이 될 수 있다는 것을 그날 처음 안 거야.

페르피냥 역에 도착하자 새로운 역무원의 안내를 받았어. '엠마'라는 이름을 대자 새로운 티켓이 출력되고 호텔 데스크에서는 순식간에 체크인이 되더라고. 게다가 그녀는 장애인 객실로 예약하는 것도 잊지 않았어. 아아, 아마 나는 그녀를 평생 기억할 거야!

chapter 5
스페인

스페인은 위험하다. 까사 밀라의 출렁대는 곡선에 마음은 여지없이 울렁거렸고, 사그라다 파밀리아의 울창한 숲속에서는 싱그러움에 정신을 차릴 수 없었다. 우리의 걸음은 슬로비디오보다 느려졌고, 상그리아의 취기가 적당히 오르면 도시의 불빛이 함께 춤췄다.

매일 아침, 맑은 하늘 위로 떠오른 뜨거운 태양이 어서 나오라 창문을 콩콩 두드린다. 그러면 우리는 가벼운 옷을 걸친 채 흥겨움 가득한 광장으로 들어선다. 우리의 여행은 아직 끝나지 않았다.

바르셀로나
상그리아처럼 달콤한, 가우디처럼 강렬한

기차가 서서히 속도를 늦추더니 쏜살같이 흩어지던 풍경을 하나하나 제자리로 돌려놓았다. 나는 그 여세를 몰아 바깥을 뚫어져라 내다보았다. 창문에 코가 눌리는지도 모른 채 눈동자는 가운데로 몰린다. 속은 울렁거린다. 준우가 그런 나를 보더니 피식 웃는다. '설마, 지금 이 꼴이 귀엽다고 생각하는 건 아니겠지?' 무안해진 나도 어색하게 따라 웃고 만다. 나의 어떤 모습도 그저 사랑스레 바라봐주는 그 마음이 너무나 고마워서 감히 '바르셀로나의 길바닥이 돌밭인지 꽃밭인지 나 너무 걱정돼 죽을 지경이야!'라고 소리치는 속내는 드러낼 수 없었다.

산츠 역 광장은 따뜻한 햇볕과 바람을 가득 안고 있었다. 10월의 런던도 분명 이보다 추웠는데 바르셀로나는 초봄처럼 온화한 11월이라니, 체내 감각들이 지금이 도대체 어느 계절이냐며 아우성이다.

업데이트해야 할 새로운 정보들은 또 있었다. 이곳에 도착하고 보니 강한 햇살 사이로 보이는 매끈한 도로와 빼곡한 빌딩들이 가히 충격적이었다. 지평선에 맞닿아야만 사라지는 비포장도로, 아무렇게나 자라난 가시덤불, 모래바람이 한차례 불고 나서야 마을의 형체가 듬성듬성 나타날 것만 같은 황량함. 이것이 내가 상상하던 스페인의 전부였기 때문이다.

아! 그랬다. 내 곁에서 스페인을 생생히 들려주던 사람은 35일을 순례길만 주야장천 걷다 온 준우라는 것을 그제야 깨달았다. 그의 하드디스크를 가득 채우고 있던 수십 장의 포도밭 사진을 어찌 잊을 수 있을까!

'놀라움과 반가움'. 이것이 대도시 바르셀로나의 첫 느낌이었다. 지금까지 방문했던 유럽 도시 중 가장 현대적인 모습이었다. 5차선 도로 위를 차들이 시원스레 달리고, 만약 우리나라에서 만났다면 모두가 깜짝 놀랄 만한 고급 브랜드의 저상버스들이 평범하게 시내를 누볐다. 맞은편에는 지하철 엘리베이터도 보였다. 우리나라에서도 흔히 볼 수 있는 통유리 형태로 쾌적하고 깔끔해서, 어둡고 냄새나던 프랑스의 엘리베이터와는 비교가 안 됐다. 유럽에서 다시 서울로 돌아온 듯한 반가움이 차올랐다. 여행 전에는 당장 탈출하고 싶었던 네모난 도시가 이렇게 반가울 줄이야. 아이러니했다.

관광안내소에서 받은 지하철 노선도를 펼쳤다. 편의시설 여부를 알리는 휠체어 심볼이 봄날의 벚꽃처럼 흩뿌려져 있었기에 평소라면 어림도 없었을 지하철을 오늘은 두 번 고민 않고 타러 갔다. 사실 지하철은 우리에게 가장 친숙한 대중교통이었다. 서울에서는 바쁜 승객들

눈치 보랴 기사님 눈치 보랴 마음 놓고 타기 힘든 저상버스나 대기 시간을 가늠할 수 없는 장애인 콜택시보다 마음 편한 지하철을 타고 시내를 누볐다. 그래서인지 이곳의 지하철이 낯설지가 않았다. 티켓을 사고 승강장 맨 앞 휠체어 탑승구로 향하는 것 모두 누가 알려주지 않았는데도 일사천리다. 영국에서는 붐비는 인파

와 승강장 사이 간격이 만들어내는 천 길 낭떠러지에 마음을 졸이다 기억이 새하얗게 타버렸으니, 지금 들어오는 저 지하철이 나에게는 사실상 처음이나 다름없는 유럽 지하철이다. 신난다. 레버를 돌려 문을 여는 유럽 지하철이라니. 와우!

편의시설 있는 게스트 하우스를 만나다!

이번 여행에서 놀라울 만큼 향상된 능력이 두 가지나 있다. 하나는 어떤 언어로 쓰여 있건 포장만 봐도 맛없는 것과 맛있는 것을 단번에 가려낼 수 있는 육감에 가까운 선별력, 또 하나는 신속한 숙소 검색 능력이었다.

저녁 식사를 하고 설거지까지 끝낸 뒤 우리는 여기저기 널브러져 준우는 노트북을 열고, 나는 휴대폰을 켠 채 예약 사이트를 문턱이

닳도록 들락거렸다. 하지만 검색에 능숙하다고 꼭 좋은 숙소를 찾을 수 있는 것은 아니었다. 숙박비가 저렴하면서 휠체어가 들어갈 수 있는 조건이라는 게 애초에 말이 안 되는 것이었다. 우리는 여전히 지구 반대편에서 제 한 몸 편히 눕히지 못하는 최하급 여행자 신세다. '장애인 편의' 문항에 체크한 뒤 검색을 클릭하면 수십 건의 결과가 쏟아져 나왔지만 그렇다고 모두 신용할 수는 없었다. 휠체어 심볼을 달고서도 계단 위에 엘리베이터가 있거나, 턱은 없어도 장애인 객실과 화장실이 없는 곳이 허다했다.

비슷한 경험은 한국에서도 많았다. 사진만으로는 확인이 어려워 전화를 걸면 다 괜찮으니 일단 오라고 하지만 무거운 전동 휠체어를 실제로 들어본 뒤에야 그 무게에 기함했다. 계단 한두 개쯤은 문제가 아니라고 생각했다는 뒤늦은 고백에, 그들이 생각하는 편의시설과 내가 실제로 사용 가능한 편의시설 사이에 차이가 크다는 걸 알았다.

이 검색 결과도 마찬가지였다. 편의시설이 어떠한 형태로 설치되어 있는지 상세설명이 없었고 그들이 찍어 올리는 꽃병이나 와인 사진은 나에게 아무런 도움이 되지 못했다. 우리에게 진짜 필요한 능력은 그 많은 검색 결과에서 장애인 편의성이 있는 진짜 숙소를 만나는 '행운'인지도 모르겠다. 한숨을 쉬며 의미 없이 스크롤을 하는데 준우가 불렀다.

"누나, 이것 좀 봐!"

"응?"

"이거 장애인 화장실 아니야?"

"우왓! 말도 안 돼. 이거 진짜야?"

사진을 보고도 믿을 수 없었다. 휠체어를 타고 준우와 왈츠를 춰도 충분할 넓은 공간에(물론 춤을 추지는 않았다) 샤워 부스와 샤워 의자가 있는 화장실이 있었고, 새하얀 시트와 깔끔한 2층 원목 침대도 보였다. 드디어 우리에게도 숙소 운이 따르려는 것일까! 인터라켄의 호스텔도 편의시설은 좋았지만, 그곳과 비교도 안 되는 저렴한 금액이었다. 호텔만큼 비싼 돈을 들이지 않으면 게스트 하우스에서는 고생이 불가피하다고 생각했는데 이곳은 시설과 가격 무엇 하나 부족한 것 없이 완벽했다! 다만 한국 물가와 견주어도 너무 저렴한 탓에 혹여 사기를 당해 길거리에 나앉게 되는 것은 아닌지 걱정스러웠지만, 우리가 누구인가. 준우에게 업혀 개미굴을 탔고 베드버그에 물려가며 3박 4일을 버텨냈으니 정신력 하나만큼은 이미 특전사 부럽지 않았다. 우리는 또 한 번 모험을 감행해보기로 했다.

휴대폰 내비게이션이 가리키는 그곳, 정확히 그곳에 숙소가 있었다. 역시 일은 저지르고 볼 일이다. 유럽 여행 최초로 편의시설이 있는 게스트 하우스에 묵게 되었으니 말이다. 만세! 숙소 때문에 그동안 겪은 산전수전을 떠올리면 정말이지 이곳은 이번 여행을 통틀어 가장 큰 성과였다. 입구는 인도와 맞닿아 턱 하나 없이 매끈하게 이어졌고 원룸 형태의 실내는 카운터와 부엌이 한눈에 보였다. 부엌 한편에 나 있는 문을 열고 들어가면 방으로 향하는 또 하나의 문이 나타났고 방 양옆에는 2층 침대들이 놓여 있었다. 공간이 넓어 휠체어가 충분히 오갈 수도 있었다. 무엇보다 예약 때 남겨둔 '휠체어 사용자' 메모를 확인하고 휠체어를 세워둘 수 있는 끝자리 침대를 미리 비워둔 센스는 소름이 끼칠 정도였다. 잠시 후 닥칠 고난은 꿈에도 모른 채 나는 감격에 빠졌다.

어째 일이 술술 잘 풀린다 싶었다. 체크인을 끝내자마자 급하게 달려간 장애인 화장실에서 몸을 말리고 있던 대걸레들과 정면으로 마주쳤다. 대걸레는 그 큰 키를 주체하지 못해 변기를 가로질러 대자로 뻗어 있었고, 걸레 더미는 변기 옆 손잡이에 축 늘어져 뜨지 않을 태양을 기다리고 있었다. 숙소가 깔끔한 것은 다 이들 덕분이겠지. 하지만 지금은 이들의 노고를 치하할 겨를이 없다. 더 늦기 전에 해결해야 할 문제가 있었다. 헐레벌떡 데스크로 돌아와 직원에게 SOS를 요청했더니 부리나케 달려와 아직도 물이 뚝뚝 떨어지는 것들을 허겁지겁 주워 담으며 연신 미안하다고 했다. 미처 생각지 못한 사건을 마주하는 그의 얼굴에는 당황한 기색이 역력하다. 이 와중에 나는 그를 당황케 한 것이 어쩐지 미안해져서 우리는 서로 사과의 맞절을 해댔다. 아, 도대체 인사는 어디쯤에서 끊어야 적당한 것일까. 아아. 나는 지금 화장실이 급하다고!

안토니 가우디로부터 초대장을 받다

가우디를 제대로 알게 된 때는 여행을 한창 준비하던 어느 여름날이었다. 도서관에서 잔뜩 빌려 온 책에서 구엘 공원을 발견한 것이다. 크레파스를 방금 꺼내 색칠한 듯 생생한 색감, 생크림을 담뿍 올린 뒤 쿠키를 얹어 완성한 것만 같은 부드러운 곡선의 외관은 사진에서도 달큰한 향기를 풍기는 것 같았다. 특히 공원 꼭대기에 있는 벤치가 세상 처음 보는 곡선미를 뽐내며 마음을 흔들었다. 한 번만 그곳에 앉아 지중해를 바라볼 수 있다면 여한이 없을 것 같은데…….

그러나 행복한 상상은 오래가지 못했다. 공원 중앙으로 향하는 두 갈래의 계단을 발견한 순간 설렘은 개수대에 물 빠지듯 순식간에 빠져나가버렸다. 뒤이어 이곳이 해발 200m의 산등성이에 위치한다는 사실까지 알게 되었을 때는 불안감마저 엄습했다. 자연의 곡선을 사용하는 그의 작품 특성도 나에게는 큰 걸림돌이 아닐 수 없었다. 길이 직선일 때보다 곡선일 때 휠체어가 지나갈 공간이 협소해진다. 꼭대기는커녕 입장이나 제대로 할 수 있을지 의문이다.

그러나 시간이 흐를수록 작품만큼이나 안토니 가우디라는 사람 자체에 관심이 갔다. 그의 삶을 들여다볼수록 나는 그에게서 강한 동질감을 느꼈다. 그에게도 질병과 장애가 있었다거나, 신체의 장애에도 불구하고 위대한 작품을 남겼기 때문은 아니다. 그가 통증과 함께 살아간 평생의 시간이 금방이라도 만져질 듯 너무나 선명했기 때문이다.

나와 너무나 닮은 유년 시절도 흥미로웠다. 그의 아버지처럼 우리 아버지도 대장장이였다. 그가 그랬던 것처럼 푸른 새벽이 오면 아버지의 망치 소리에 눈이 뜨였고, 망치와 모루가 맞닿을 때마다 볼품없던 쇠붙이가 새롭게 탄생하는 장면을 하루에도 몇 번씩 목격했다. 또 그가 그랬던 것처럼 몸이 아파 학교에 가지 못하던 날에는 아버지의 대장간 주변을 감싸고 있는 자연을 만났다. 나도 집에 혼자 남아 하늘 높이 상상력의 구름을 띄우던 시간이 있었기에 그의 괴팍한 성미에 감춰진 깊은 외로움을 헤아릴 수 있을 것 같다. 물론 가우디에게는 있고 나에게는 없는 천재성이 나와 그를 완전히 다른 길로 향하게 했지만, 그와의 운명적 만남은 곧 다가오고 있었다.

사실 나는 스페인 여행을 목전에 두고서도 구엘 공원을 계획에 넣을 수 없었다. 이유는 뻔했다. 휠체어 접근이 가능한지 아닌지 확인이 되지 않았기 때문에, 아무리 가고 싶어도 마음만 앞세울 수는 없는 노릇이었다. 시간도 여비도 넉넉지 않은 이 가난한 여행자에게 '헛걸음'보다 무서운 것이 세상에 또 있을까. 여행 중에도 '불확실성'이라는 것이 매번 내 발목을 잡았다. 지금이야 바르셀로나 관광청에서 장애인을 위한 '접근성 가이드'를 제공하고 있다는 사실을 알지만 당시에는 그 존재조차 몰랐고, 국내의 여행 서적을 아무리 뒤져봐도 장애인 편의시설 정보를 접할 수 없었기 때문에 어디서부터 시작해야 할지 좀처럼 감을 잡지 못했던 것이다.

그랬던 우리가 구엘 공원으로 향했다. 그것도 바르셀로나에 도착한 첫날이었다. 정말이지 인생은 알 수가 없다더니 단순히 편의시설만 보고 예약한 숙소가 구엘 공원과 가까운 역 근처에 있을 줄이야! 그때부터였다. 나의 오묘한 육감이 발동한 것은. 남들에게 말하면 다 웃을지 몰라도, 가우디가 그의 유일한 어린 친구 알폰소에게 케이크를 건넸던 것처럼 '혹시 나에게도 그가 어떤 메시지를 보내고 있는 것은 아닐까'라는 기대가 생겨난 것이다. 숙소가 가깝다는 이 우연 자체가 가우디가 보낸 초대장처럼 여겨졌다. 마치 어떤 계시를 받은 것처럼 이제는 구엘 공원에 꼭 가봐야겠다는 생각이 들었다. 공원에 몇 걸음 들이지 못한다 해도 상관이 없었다. 다른 사람도 아닌 무려 가우디가 부르고 있었으니까.

나는 "우아! 나도 갈 수 있어!"라는 말을 세상에서 가장 많이 한 사람일지도 모른다. 적어도 구엘 공원에서는 그랬다. 매표소에서 입장권과 함께 휠체어 로드맵을 주었는데 몇몇 계단을 제외하고는 대부분 휠체어로도 갈 수 있었다. 지도는 또 얼마나 친절한지 휠체어 진행 방향과 뷰포인트까지 보기 좋게 그려져 있었다. 기껏해야 A4 반절 정도 크기의 종이 한 장이 지금까지 나를 억누르던 불안을 날려버렸다. 우리는 그것을 모셔 든 채 희희낙락 공원으로 들어갔다.

공원 중앙을 둘러볼 수 있는 코스가 때마침 오픈되었다. 사람들을 따라 몇 걸음 나아가자 〈헨젤과 그레텔〉의 과자집을 떠올리게 하는 경비실과 사무실이 제일 먼저 보였다. 오른편으로는 굉장히 익숙한 풍경이 보였다. 책에서 보았던 도마뱀 모양의 조각상 피톤을 두고 펼쳐지는 양 갈래의 계단! 문제의 그곳이었다. 예상대로 사람들은 피톤을 만나기 위해 계단을 한걸음에 뛰어오르고 있었다. '헉! 저기에는 못 가는 거 아니야?' 나는 너무나 당혹스러워서 조금 전 희희낙락은 다 잊은 채 얼어버리고 말았다. 분명 지도로 다 확인했는데도 눈앞에 보이는 장애물 때문에 공황 상태에 빠지려는 찰나, 준우의 밝은 목소리가 들렸다.

"누나, 이쪽으로 돌아가면 된대."

역시 타이밍 하나는 끝내주는 남자 친구다! 마치 게임에서 그로기 상태에 빠진 아군을 살리러 온 '힐러' 같았다고나 할까? 새삼 그의 존재가 또다시 고마운 순간이었다.

이곳에서는 계단을 우회하기만 하면 전동 휠체어가 충분히 오를 수 있는 완만한 경사의 단단한 흙길이 약속처럼 등장했다. 그제야 나는 한 치의 의심도 없이 이곳을 즐기기 시작했다. 산허리의 곡선을 그대로 살린 아치형의 다리와, 일벌이 쌓아 올린 밀랍 같기도 하고 녹아내리는 촛대 같기도 한 형태의 기이한 터널을 지나기도 했다. 공원보다 더 나이 든 수목들 사이를 지나자 옥상의 테라스를 떠받치고 있는 86개의 육중한 기둥들이 나타났다. 그 위용에 도무지 입을 다물 수가 없었다.

한바탕 모험을 끝내고 만난 피톤은 너욱 반가웠다. 지도를 따리기다 바로 눈앞에서 피톤을 감상할 수 있었는데, 수많은 빛깔로 반짝이는 피톤은 당장에라도 달려나갈 듯 생동감이 넘쳤다. 알록달록한 색을 뒤집어쓴 이 아이가 신화 속 무시무시한 괴물이라는 것이 믿기지 않을 정도다.

우리는 귀여운 피톤과 작별 인사를 나누고 해가 뉘엿거리는 구엘 공원의 옥상에 올랐다. 바르셀로나의 첫 일몰을 맞는 역사적인 순간이었다. 앉은키가 작으니 기대했던 것처럼 시내와 지중해가 내다보이지는 않았지만 나는 어느 책에서도 말해주지 않았던 홍미로운 두 가지 사실을 알아냈다.

첫 번째. 옥상의 난간을 감싸 안고 있는 벤치가 심한 척추측만에 키가 100cm도 안 되는 내 몸에도 딱 맞을 만큼 편안하다는 것이다. 문손잡이 하나, 의자 팔걸이 하나에도 신체에 가장 잘 맞는 형태를 고민

했다더니 과연 탁월한 인체공학적 설계였다.

두 번째. 구엘 공원의 관람 포인트는 자연 그대로의 아름다움을 살리기 위해 노력했던 가우디의 흔적을 찾는 것이다. 곳곳에 숨어 있는 그의 메시지는 찬찬히 거닐 때에야 비로소 보인다. 우리는 아주 운이 좋았다. 왜냐하면 모두가 중앙 계단을 뛰어올라갈 때 우리는 경사로를 따라 풀숲과 동굴 곁을 아주 천천히 지나갔기 때문이다.

꿈꿀 수 있는 용기

구엘 공원을 다녀온 이후, 나는 안토니 가우디에게 완전히 빠져들었다. 그는 정말이지 열정이 식지 않는 사람, 창작에 한계가 없는 사람이었다. 내 느낌을 단순히 '놀라움'만으로 설명하기에는 좀 다른 뭔가가 있었다. 그를 떠올릴 때마다 내 속에서는 최근 나의 행적을 놓고 토론회가 열리곤 했다. '나는 왜 떠날 날을 그토록 손꼽았으면서도 갈 수 있는 곳과 갈 수 없는 곳을 가늠하기에 급급했던 걸까?' '미리 하는 걱정이 얼마나 무거웠기에 설렘마저 제쳤던 것일까?' 같은 질문들이 쏟아졌다.

질문 뒤에 묵직한 후회가 따라오는 것은 괴로웠지만 종종 괜찮은 해답이 나오기도 했다. 여행 준비 기간 중 나를 괴롭히고 지배하던 나쁜 생각들의 출발점은 바로 '내가 감히'였다. 생면부지 땅으로 100kg이 훌쩍 넘는 전동 휠체어를 탄 내가 '감히' 여행을 떠나도 될 것인가 따위의 질문은 나를 더욱더 얽매이게 했고 무기력하게 만들었다. 그러다 구엘 공원에 다녀와서야 비로소 '나라는 사람도 꿈꿔도 되는구나'라는 깨달음을 얻게 된 것이다.

가우디가 해발 200m의 산등성이를 무너뜨리지 않고도 거침없는 상상력으로 구엘 공원을 세운 것처럼 여행을 꿈꿀 때야말로 무얼 하고 싶은지, 뭘 먹고 싶은지 '자유롭게' 생각해야 했고 그것이 여행자의 가장 중요한 사명이었다. 그것은 준우에게도 휠체어를 타는 나에게도 똑같이 주어진 것이었다. 내가 왜 가우디에게 끌렸고 가우디가 왜 나를 구엘 공원으로 이끌었는지 명확해지는 순간이었다. 용기는 장애를 극복하는 데 쓰일 게 아니라 꿈을 꾸는 데 쓰여야 한다고 가우디가 내게 속삭이는 것만 같다.

물론 나의 의지와는 상관없이 현실이 뜻하지 않은 방향으로 흐르기도 했다. '까사 바트요'에서 올바른 안내 방법을 숙지하지 않은 직원을 만나 커다란 전동 휠체어를 사용한다는 이유로 입장을 제한당한 것이다. 한국에 돌아와서야 그곳에서 수동 휠체어를 대여해주고 있다는 사실을 알고 뒤통수를 얻어맞은 느낌이 들었지만, 덕분에 입구에서 그 기괴하면서도 오묘한 해골 모양 발코니 하나는 실컷 보고 왔다. 비록 남들과 다른 우리만의 방식과 순서로 가우디 투어를 했지만 쿨하게 돌아서 다른 장소로 향할 수 있었던 이유는 순전히 바르셀로나에서 가우디의 흔적을 좇는 것 그 자체가 신나서였다.

'까사 밀라'에서도 그랬다. 물결치는 곡선미가 아름다운 곳이었으나 오래된 아파트의 좁은 엘리베이터에 휠체어를 구겨 넣기 위해 낑낑대는 내 모습은 그리 아름답지 못했다. 문 폭이 좁아 휠체어와의 여유 공간이 채 5cm도 되지 않아서 벌써 몇 번째 후진과 전진을 반복하고 있었던 것이다. 하지만 "준우라도 다녀와" 같은 소리는 절대 입 밖으로 나오지 않았다. 나도 봐야 했다. 당대 최고급 빌라였던 이곳을, 한 층도 같은 디자인이 없다는 이 건물 내부를 내 눈으로 직접 보지 않으면 두고두고 후회할 것이 분명했다.

한참을 씨름한 끝에 가장 큰 뒷바퀴까지 들어가자 성공을 알리듯 엘리베이터 문이 부드럽게 닫혔다. 마침내 엘리베이터 탑승에 성공한 것이다! 진땀을 빼긴 했지만 준우의 환호에 다시금 기운이 났다.

"우아! 역시 누나는 베스트 드라이버야!"

"내가 쫌 그렇지?"

나보다 더 기뻐하는 그의 모습에 웃음이 터져 나왔다. 이렇게 진심으로 나와 함께하기를 소원하는 남자가 또 어디 있을까?

약속의 장소 사그라다 파밀리아

사그라다 파밀리아는 정말 대단했다. 차가 쌩쌩 달리는 시내 한복판에 있는데도 첨탑과 크레인의 존재감은 엄청났다. 그곳에 첫발을 들인 순간은 내 생애 최고의 경험이 되었다. 처음에는 압도적인 규모에 놀란 신경들이 머리끝에서 발끝까지 찌릿찌릿 요동쳤지만, 신기하게도 그 순간마저 위화감 없는 따스함이 느껴졌다.

대성당을 떠받치고 있는 기둥들을 따라 고개를 들면 장구한 세월을 보낸 수십 그루의 나무가 보이는 듯했고, 천장의 빛은 울창한 나뭇잎 사이로 새어 들어오는 햇살처럼 부서져 내려왔다. 열린 문으로 불어온 바람이 머리칼을 살랑인다. 모든 것이 생생했지만 비현실 속에 있는 것만 같았다. 내가 숲속에 있는 것인지 성당 안에 있는 것인지도 분간이 되지 않을 지경이었다. 놀라움은 이것만이 아니었다. 태양의 걸음을 따라 시시각각 다른 온도의 빛을 내는 스테인드글라스는 지금껏 어느 성당에서도 보지 못한 오색찬란한 색깔을 만들고 있었다. 어디서도 본 적 없지만 먼 훗날에는 보게 될 것 같은 그런 빛깔들이 경외감을 넘어서 혹시 내가 지금 신의 영역에 잘못 들어온 것은 아닌가 하는 생각을 불러와 겁이 날 정도다.

우리는 마음을 도저히 진정시킬 수 없어서 기도실로 향했다. 기다란 의자 끝에 준우가 걸터앉았고 나는 그 옆에 휠체어를 세웠다. 준우가 기도를 올리는 동안 나는 제단을 바라봤다. 그간의 많은 일이 스친다. 결코 평탄한 여정은 아니었지만, 우리가 지나온 곳은 모두 좋았다. 길에 서 있기만 해도 자존감이 확확 오르는 런던부터 평온하고 아름다웠던 디종과 니스, 내가 달고 사는 기관지염도 낫게 한 치유의 도시 인터라켄, 어디서도 볼 수 없었던 이색적인 해상 도시 베네치아까지 마음에 남는 도시는 많았다. 그런데 나는 어느 한 곳도 다시 오자 쉽게 약속할 수 없었다. 약속에는 용기가 필요했고, 한 번 맺은 약속은 꼭 지켜내고 싶었기 때문에.

그랬던 내가 사그라다 파밀리아 앞에서 무너지고 말았다. 아니, 용기를 내고 말았다.

"준우야. 우리 여기 또 올까?"

"이 아가씨 완전 빠지셨구만? 그래. 완공되면 또 오자!"

"진짜? 여기서 약속하면 이제 다른 여자랑은 못 오는데도 괜찮아?"

"하하. 별걸 다 걱정한다. 자, 약속!"

준우와 손가락을 걸었다. 그는 호탕하게 웃는다. 나는 기분이 좋아져 발을 동동거린다. 이렇게 건넨 장난스러운 약속에 언제까지나 너와 함께하고 싶은 간절한 마음이 담겨 있다는 것을 너는 알까?

고딕 지구

고딕 지구는 13~15세기의 건축물들이 남아 있어 바르셀로나의 옛 정취를 느낄 수 있는 곳이다. 우리는 산타 카레리나 시장에서 얼음 이불을 덮고 있는 시원하고 달콤한 피나콜라다 한 잔을 사서 거리로 나섰다. 건물과 건물 사이의 고즈넉한 길을 따라 걷다 보니 어느새 빌딩 숲을 벗어나 자동차의 엔진 소리 대신 행인들의 발걸음과 이야기 소리만이 골목을 채운다. 울퉁불퉁 빛바랜 석조건물 옆으로는 제법 나이가 든 나무들이 울창하다. 늦가을이 믿기지 않을 만큼 시원한 바람이 불어와 푸른 잎을 살랑이고 지나갈 때, 바로 그곳에 카메라로도 담을 수 없는 중세의 아름다움이 있었다.

이곳을 거닐 때는 집집이 울긋불긋 물든 베란다를 구경하는 것도 빼놓을 수 없는 재미다. 노란 바탕에 네 개의 빨간 줄이 그려진 카탈루냐 깃발 사이로 보이는 FC 바르셀로나의 엠블럼이 확실히 바르셀로나에 와 있음을 실감하게 했다. 여기에 침샘을 자극하는 길거리 음식들과, 여느 기념품 가게가 그렇듯 걸음을 멈춰야만 보이는 오밀조밀 사랑스러운 물건들이 길가에서 손님을 기다리고 있다. 눈과 마음이 즐거운 길을 걷노라니 문득 카페 거리가 되기 이전의 삼청동이 떠오르기도 했다.

"어이! 자네 이 엘리베이터를 타려고?"

"네?"

"한 층만 내려가면 되는데 엘리베이터를 타려고? 그렇게 걷기 싫어?"

"……."

뭐라고 대꾸를 하고 싶었지만 당황해서 말이 나오지 않았다. 그는 고개를 가로저으며 계단을 내려갔다. 캐주얼 셔츠를 벗고 흰 양복만 입으면 커넬 샌더스(KFC 창업자)라고 해도 믿을 법한 비주얼의 아저씨였다.

윤영과 나는 '까사 밀라' 관람을 마치고 내려가기 위해 엘리베이터를 기다리는 중이었다. 직원에게 엘리베이터를 열어달라고 요청했지만 무슨 문제인지 기다리라는 말만 돌아와 이러지도 저러지도 못하는 상황이었다. 기약 없이 기다리느라 가뜩이나 짜증이 나는데 거기에 기름을 끼얹으니 기분이 확 상했다. 자세한 상황도 물어보지 않고 뭐라고만 하는 게 어이가 없었다.

* * *

기념품 가게에 한눈파는 사이 준우에게 일어난 사건은 그의 기분을 몹시 상하게 한 모양이다. 나를 발견하자마자 씩씩거리며 억울함을 토

해냈다.

"와, 완전 어이없어. 내가 영어만 잘했어도 쏘아붙였을 텐데. 아오, 억울해."

"그래도 젠틀맨이네. 자기가 먼저 타겠다고는 안 하잖아."

"오! 새로운 해석인데?"

틀림없이 함께 분노할 것이라 여겼던 내가 평온한 반응을 보이자 준우는 의외라는 반응이다. 조금 전까지 분출하던 분노도 다 잊어버린 채 어쩜 이렇게 긍정적일 수 있냐며 칭찬을 아끼지 않으니 내가 머쓱해질 정도다. 사실 속사정은 다른 데 있었다. 한국에서 사람들이 고민 없이 내뱉는 이런 말들을 하루에도 수십 번씩 듣다 보니 이제는 이골이 나버린 것뿐이었다. 붐비는 지하철 엘리베이터 앞에서 특히 이런 말들을 더 자주 들을 수 있었는데, 엘리베이터 문이 열리면 내 뒤에 서 있던 사람들은 홍해 갈라지듯 두 갈래로 나뉘어 나를 제치고 엘리베이터 안으로 쏟아져 들어갔다. 그러고는 나를 내려다보며 뱉는 한마디.

"휠체어는 나중에 타야겠네."

'저는 휠체어가 아니라 사람인데요'라고 말하고 싶은 마음이 굴뚝같지만 그게 다 무슨 소용인가 싶어 관두고 만다. 그렇게 엘리베이터를 한 번, 두 번, 세 번을 놓쳐도 누구 하나 기다려주지 않는 그런 삶을 나는 살고 있었다.

***

'까사 바트요' 근처의 패스트푸드점에서 점심을 해결하기로 했다. 한국과 똑같은 햄버거, 콜라, 감자튀김. 스페인에서 미국 음식을 먹으며 한국을 추억하는 게 영 이상했다. 윤영과 한창 '까사 밀라'에 대한 감상을 신나게 늘어놓는데 갑자기 큼직한 손이 어깨를 두드렸다. 놀라서 뒤를 돌아보니 낯익은 캐주얼 셔츠가 눈앞에 보인다.

"아까는 내가 미안했네. 이 친구 때문에 엘리베이터를 기다렸던 거지?"

깜짝 놀라서 햄버거가 목에 걸릴 뻔했다. 아까 그 아저씨다. 나에게 훈계를 하던 표정은 오간 데 없고 어린 손자를 보는 온화한 할아버지의 얼굴이 되어 있었다.

"좋은 여행이 되길 바라네. 아까는 미안했어."

"네. 좋은 여행하세요."

뭐라 할 말이 없었다. 그는 악수를 하고 다시 자리로 돌아가 햄버거를 먹기 시작했다.

"거봐, 젠틀맨 맞지? 근데 신기하다. 우리나라에서는 이런 사과 같은 거 한 번도 받아본 적 없는데……"

윤영의 말을 듣고 보니 그랬다. 우리는 뜻밖의 사과에 대한 놀라움과 동시에 한국을 떠올리며 쓸쓸한 웃음을 지었다. 그리고 햄버거를 한입 크게 베어 먹었다.

바르셀로나 숙소에서 식사를 준비했다. 마트에서 산 것들을 식탁에 펼쳐놓고 맛난 저녁을 기대하며 손을 바삐 움직였다. 냄비에는 밥을 짓고, 팬에는 고기를 구웠다. 접시에 채소를 올리고 고추장과 참기름을 섞어 한쪽에 놓으니 완벽한 식사가 준비되었다. 열심히 밥을 먹고 있는데, 저쪽에 있던 어떤 남자가 우리에게 다가와 말을 걸었다.

　"한국인이세요?"

　외국에서 만난 한국인의 인사는 늘 같다. 우린 악수를 했고, 그 자리에서 친구가 되었다.

　그는 25살의 대학생이었다. 졸업을 앞두고 잠시 머리를 식힐 겸 여행을 떠나왔는데 벌써 두 달째라고 했다. 축구를 너무나 사랑해서 오직 축구를 위한 여행을 하고 있단다. 리버풀, 선덜랜드, 토트넘, 뉴캐슬, 맨체스터……. 축구를 전혀 모르는 나도 한 번쯤은 들어본 팀 이름이 그의 입에서 술술 나왔다. 그는 영국 각지를 다니며 축구 경기를 관람하고 예매에 실패하면 펍에서 즐겼단다. 다만 그 비싼 표를 사느라 여행 경비를 초반에 싹 날려버려 이제는 가족과 친구들에게 돈을 빌려 여행을 하고 있다니, 그 의지가 참 대단하다.

　차비를 아끼려 숙소에서 5km나 떨어진 캄프 누(바르셀로나 축구장)까지 걸어 다녔고, 이제는 산책 삼아 여기서 6km 떨어진 바르셀로네타 해안까지 다녀오는 경지에 이르게 됐단다. 아침은 시리얼로 때우고 점심은 거르고 저녁만 간단하게 먹는단다. 내일모레 공항으로 갈 버스비만 손에 딱 쥐고 나머지 돈으로 하루하루 버티고 있다는데, 대단하기도 하고 나라면 도저히 못 할 짓 같기도 해서 그와의 만남이 꽤 신선했다.

요즘엔 가이드북만큼이나 많은 사람들이 의지하는 것이 SNS다. 남들이 가니까 나도 가고, 누군가 사진 찍었던 그 장소에서 나도 똑같이 사진을 찍어 올린다. 자신만의 테마가 없는 여행이랄까. 나는 이 청년의 여행이 결코 무모하다고 생각하지 않았다. 궁핍하고 몸이 힘들지언정 자신이 정말로 좋아하는 것에 집중해 자신에게 충실한 여행을 한 사람이었다. 어느 누가 무언가에 미쳐서 저렇게 여행할 수 있을까. 용기와 패기가 넘치는 그의 여행이 진심으로 대단하다고 생각했다.

앞으로의 20년을 기약하며

이번 여행에서 가능한 한 많은 성당을 가보고 싶었다. 어쩌면 종교가 없는 윤영에게 가톨릭을 보여주고 싶었던 것일지도 모른다. 성당은 아름다운 외관과 화려한 내부가 전부가 아니다. 관광의 호기심은 잠시 내려놓고, 그 안에서 마음을 열면 느껴지는 성스러움은 여행을 지속할 수 있는 에너지가 되어준다.

다행히 윤영은 성당을 좋아했다. 주로 이름이 알려진 곳을 방문했지만, 윤영은 그저 사진에 열중하거나 가이드를 들으며 끄덕거리기만 하는 관광객이 아니었다. 종교를 잘 몰라도 그 순간만큼은 예민한 감성을 한껏 살려 많은 것을 느꼈고 새로운 것에 두근거려했다. 그런 그녀를 보는 것이 너무 좋았다. 그래서 성당에 갈 때면 함께 짧은 기도를 올렸다. 때로는 촛불을 켜고, 때로는 제단 아래에서 기도를 했다. 무엇을 빌고 있냐고 묻지는 않았다. 하지만 그것이 여행의 안녕과 우리 관계에 대한 기도란 것은 말하지 않아도 느낄 수 있었다. 우리가 가장 바라고 바라는 것이었으니 말이다.

사그라다 파밀리아에서도 기도를 드렸다. 사그라다 파밀리아는 지금껏 간 성당 중에서 가장 감동적이고 아름다운 곳이었다. 작은 기도실에 들어가 십자가에 못 박힌 예수님을 바라보며 이 아름다운 광경을 보게 해주셔서 감사하다고 기도를 올렸다.

윤영은 20년 후 사그라다 파밀리아가 완공되면 꼭 다시 오자고 했다. 우리는 새끼손가락을 걸고 도장을 찍고 사인, 복사, 코팅까지 했다. 그녀의 표정은 진지했다. 여태껏 성당에서는 안전한 여행을 기원하는 기도만을 드렸는데 사그라다 파밀리아에서 처음으로 우리의 20년 후를 기원하게 된 것이다.

나는 아직 그대를 알아가는 중인가 보다

사그라다 파밀리아 성당은 그 자체로 감동적이었다. 하지만 출입구가 있는 성당 정면부인 '파사드'에 있는 계단은 아쉬웠다. 그 계단 위에 엘리베이터가 있었다. 계단이든 엘리베이터든 둘 중 하나만 있다면 깔끔하게 포기를 하든 기쁜 마음으로 달려가보든 할 텐데, 저건 희망 고문과 다를 바 없다고 느꼈다. 그렇다고 사그라다 파밀리아에서 받은 감동이 줄어드는 것은 아니었지만 이 완벽한 성당에 옥의 티가 있다면 바로 저것이 아닐까.

성당들은 장애인에게 높은 곳을 좀처럼 허락하지 않았다. 유럽의 거의 모든 대성당에 전망대가 있었지만 휠체어로 접근할 수 있는 곳은 성 베드로 성당의 옥상밖에 없었다. 비록 지붕까지는 오를 수 없었지만, 옥상에서 로마의 전경 정도는 충분히 볼 수 있었으니까. 그곳을 제외하면 장애인에게 성당이란 그저 화려한 외관과 웅장한 예배당을 볼 수 있는 게 전부인데, 비장애인에게는 더 높은 곳에서의 전망이 추가되어 있는 셈이다. 윤영은 나라도 혼자 다녀오라고 했다.

실은 마음이 조금 흔들렸다. 바르셀로나의 중심이자 가장 높은 곳인 이 성당 위에서 시내를 조망할 수 있다니. 이 위에 오르면 어디까지 보일까? 저 멀리 지중해가 보일까? 엊그제 갔던 구엘 공원도 조그맣게 보일지 모른다. 저기 줄 선 사람들의 마음이 나에게로 왔다. 하지만 내 다리는 움직이지 않았다. "가서 보고 와"라고 말하는 윤영의 손이 나를 잡고 있었다. 여행 초반에 다짐했던, 그녀의 물리적 제약까지 함께하기로 했던 내 결심이 다시 떠올랐다. 고개를 저었다. 그녀와 함께 예배당을 둘러보고, 밖으로 나와 한 번 더 올려다보는 것을 마지막으로 사그라다 파밀리아와 안녕을 고했다.

사그라다 파밀리아를 뒤로하고 고딕 지구로 향했다. 한적하고 조용한 거리를 걷는 것이 너무 좋았다. 윤영은 자신이 꿈꾸던 유럽의 거리가 바로 이런 곳이라며 카메라의 뷰파인더에서 눈을 떼지 못했고, 그런 그녀를 보고 있자니 나도 신이 난다.

고딕 거리의 끝에서 바르셀로나 대성당으로 향했다. 정문은 계단이었지만 뒷문에 경사로가 있다. 오늘만 벌써 두 번째 성당이다. 대성당 안쪽에 엘리베이터가 있는 것이 보였다. 반가운 마음에 직원에게 물어보니, 종탑으로 오르는 것은 맞지만 엘리베이터에서 내리면 3~4개의 계단과 매우 좁은 통로가 있어 휠체어가 접근하기는 무리라고 했다. '이 성당마저…'라는 생각에 한숨을 쉬었더니 윤영은 이번에도 나 혼자 다녀오라고 하고는 반대쪽의 제단으로 가버렸다.

그때 뭔가 이상한 기분이 들었다. 사그라다 파밀리아에서는 윤영과 함께 있고 싶은 마음이 더 강했는데, 이번에는 딱히 그런 생각이 들지 않았다. 그렇다고 종탑에 꼭 올라가고 싶은 것은 아니었다. 우물쭈물하다 보니 나는 엘리베이터 안에 있었다. 엘리베이터를 타고 올라가는데, 싱숭생숭한 이 기분이 왠지 낯설지가 않다. 어디서 느꼈더라? 피렌체였나? 아니, 니스였나?

문득 윤영과 함께하는 것은 중요하지만 모든 것을 반드시 함께할 필요는 없겠다는 생각이 들었다. 사그라다 파밀리아의 파사드나 바르셀로나 대성당의 종탑이나 비슷한 탑이고 접근은 똑같이 못 해도, 둘을 나누는 가장 중요한 차이는 '가고 싶은데 갈 수 없는 곳'과 '갈 수 없고 별로 가고 싶지도 않은 곳'이라는 점이었다.

처음에는 그녀에게 최대한 많은 것을 보여주고 싶었고, 같은 길을 걷기 위해 노력했다. 하지만 그중에는 그녀의 의지와는 무관한 내 만족을 위한 행동도 있었을 것이다. 이제는 조금은 알 것 같다. "나는 보지 않아도 상관없어"라는 그녀의 말이 정말 관심이 없는 것인지, 아니면 어쩔 수 없는 포기인지.

생각해보면 많은 곳에서 그랬다. 런던타워의 성곽 위를 올라갈 수 없었고, 화이트 타워에도 오르지 못했다. 파리 노트르담 성당의 종탑은 그림의 떡이었고 베네치아 산마르코 광장의 종탑, 피렌체의 두오모 성당 쿠폴라까지, 어쩔 수 없이 포기해야만 하는 상황에서 그녀는 포기와 무관심을 동시에 보였다. 그것이 이제야 느껴지는 것이다.

"높은 곳은 융프라우로 족해."

이런 그녀의 말에 얼마나 많은 포기가 담겨 있었던 걸까. 나는 차마 가늠도 못 하겠다.

종탑에서 내려와 그녀를 찾았다. 바르셀로나 대성당은 여러 개의 부속 예배당에 성인들의 유체가 안치되어 있는데, 윤영은 예수님의 제단에서 나를 기다리고 있었다. 그녀와 오늘의 두 번째 기도를 올리고 밖으로 나왔다. 어쩐지 이제 그녀를 더욱 잘 이해할 수 있으리라는 확신이 느껴졌다.

여행을 다녀온 뒤 윤영은 사그라다 파밀리아를 떠올리며 이렇게 얘기했다.

"사그라다 파밀리아의 파사드를 올라보지 못한 것은 조금 아쉬워."

"왜? 그때는 다녀오라더니. 손은 꼭 잡고서 말이야."

"하하하. 그랬나? 20년 뒤에나 가면 준우가 늙어서 나 못 업어줄지도 모르는데. 그냥 힘 있고 젊을 때 업혀서라도 갈걸 그랬나봐."

"허허. 이 아가씨 보게?"

"그때는 계단이 사라져 있었으면 좋겠다!"

* 대중교통

버스 시내를 달리는 모든 버스가 저상버스이다.

지하철 승강장 맨 앞, 휠체어 심볼이 있는 곳으로 가자. 한국의 부산지하철과 같이 경사진 곳이 있는데 승강장과 전동차 간의 간격과 높이가 알맞아 안전하게 탑승할 수 있다. 관광안내소에서 지하철 노선도를 받을 수 있으며 노선도에 그려진 휠체어 심볼로 편의시설 여부를 알 수 있다. 그러나 심볼이 표시된 곳이라도 환승역은 편의시설이 없을 수도 있으므로 사전에 확인이 필요하다.

바르셀로나의 지하철 엘리베이터

* 택시

Taxi Amic 뒷문을 통해 휠체어에 탄 채로 탑승할 수 있는 장애인 콜택시. 온라인과 전화를 통해 예약할 수 있다. 오전 6시부터 9시 30분 사이에 교통편이 필요할 경우 최소 하루 전 예약해야 한다.

홈페이지 : http://www.taxi-amic-adaptat.com/en
전화 : +34 93 420 80 88

Taxi Class 수동 휠체어를 사용한다면 이곳을 이용할 수 있다. 온라인, 전화, 애플리케이션으로 24시간 전에 예약 가능하며 연중무휴로 이용할 수 있다.

홈페이지 : http://www.taxiclassrent.com/en
전화 : +34 93 307 0707

✳ 여기에 가볼까?

사그라다 파밀리아 대성당 안토니 가우디의 대표적인 작품. '100년 넘게 건설 중인 미완성 건물'이라는 말이 무색할 정도로 아름다운 성당.

입장 시 특이 사항
- 정문 출입구엔 계단이 있어 후문으로 입장한다. 입장 시 보안요원의 짐 검사를 받는다.
- 장애인 및 동반 1인 무료(가이드 및 파사드 미포함).

편의시설
- 정문에서 오디오 가이드를 대여할 수 있다. 다만, 오디오 가이드 값이 포함된 일반 티켓과 는 달리 장애인 할인을 받은 티켓에는 가이드가 포함되어 있지 않아 별도 요금을 추가로 낸다.
- 1층 출입구 주변에 사그라다 파밀리아의 파사드에 오를 수 있는 엘리베이터가 있으나 계 단 위에 있다. 장애인 할인을 받은 티켓에는 파사드 입장권이 포함되어 있지 않아 별도 요 금을 추가로 낸다.
- 후문 근처 가우디 전시실 주변에 장애인 화장실이 있다.

까사 밀라(라 페드레라) 부유층이 거주하기 위해 지어진 고급 아파트. 건물 전 체가 곡선인 것이 인상적이다. 현재도 거주하는 주민이 있으며 로비, 옥상, 가우 디 박물관, 생활시설 전시관을 관람할 수 있다.

입장 시 특이 사항
- 로비와 옥상, 가우디 전시실을 오가는 엘리베이터는 넓어서 이동에 문제가 없다. 생활 구 역을 둘러보려면 초기에 설치된 작은 엘리베이터를 타야 하는데, 입구가 매우 협소하여 이 용이 어려울 수 있다. 매표 단계에서 직원과 함께 엘리베이터를 확인해보자.
- 장애인 할인 없으나 동반 1인 무료.

편의시설
- 엘리베이터 이용 가능.
- 휠체어가 커서 입장할 수 없다면 까사 밀라에 비치된 수동 휠체어를 대여할 수 있다.

까사 밀라 장애인 출입구

바르셀로네타 해안 바르셀로나의 동쪽에 위치한 해안. 바닷가를 따라 카페와 식당이 많다.

입장 시 특이 사항
• 바다 가까이 접근할 수 있는 경사로가 있고 데크가 있어 휠체어가 다니기 편하다.

편의시설
• 바닷가 주변에 장애인 화장실이 여러 곳 있고 장애인 전용 탈의실도 있다.

구엘 공원 가우디의 대표적인 작품. 이상 도시를 만들기 위한 계획의 일부였으나 현재는 공원으로 탈바꿈하여 시민들의 휴식처로 이용된다.

입장 시 특이 사항
• 구엘 공원을 즐기는 방법은 크게 두 가지다. 자유롭게 너른 공원을 산책하는 방법과 매표한 뒤 메모리얼 파크를 둘러보는 방법. 공원 가운데에 위치한 메모리얼 파크는 30분마다 한정된 인원만 입장할 수 있다.
• 메모리얼 파크 : 장애인 본인 무료, 동반 1인 30% 할인.
• 가우디가 생전에 거주했던 건물을 개조한 가우디 박물관이 있다. 엘리베이터가 없어 1층만 관람할 수 있다.

• 공원 내 길은 비포장이나, 고른 흙길로 휠체어가 무리 없이 다닐 수 있다.
• 매표소에서 구엘 공원의 지도를 받을 수 있는데 휠체어로 이동하기 수월한 관람 동선이 그려져 있다.

편의시설
• 장애인 화장실 있음.

❶ 바로셀로나 관광안내소 이용하기
관광안내소는 바르셀로나 산츠 역내에 있다. 지하철 노선도, 관광 안내 팸플릿 등을 받을 수 있다.

❷ T-10 티켓 이용하기
지하철역에서 구매한 티켓으로 버스와 지하철 모두 이용할 수 있다. 그중 T-10 티켓은 10회 이용할 수 있는 1장의 티켓을 말하는데, 한 장의 T-10으로 2인 이상이 이용할 수 있다는 장점이 있다.

❸ 바로셀로나 기차를 예약할 때
바르셀로나에서 기차를 예약할 때는 우선 기차표를 예매한 뒤, 서비스 센터(Atendo)에서 티켓을 보여주고 리프트 서비스를 요청해야 한다. 이후 출발 30분 전까지 서비스 센터에 도착하여 대기해야 한다.

+ 주의 : 주말에도 티켓은 구매할 수 있지만 리프트 서비스 예약은 할 수 없다. 물론 평일에 서비스 요청을 했다면 주말에도 리프트 서비스를 이용할 수 있다.

마드리드
완벽한 마지막 하루

　알고 있었다. 이 세상도 우리의 여행도 영원하지 않으리란 걸. 그러나 마드리드에 도착하는 순간 마지막 대사를 읊지 못한 채 무대를 내려와야 하는 배우처럼 가슴이 덜컥 내려앉았다. 어떤 이들은 투우와 플라멩코, 축구의 나라로 스페인을 떠올리겠지만 나에게는 유럽 여행의 마지막 나라로 영원히 남게 될 것이다.

　그래도 스페인을 마지막 여행지로 한 것은 정말 신의 한 수였다. 만약 가우디를 먼저 만났다면 베르사유 궁이 심심할 뻔했고, 크루아상과 바게뜨를 입에 욱여넣을 때마다 탱탱한 해산물 빠에야와 감칠맛나는 타파스 앓이를 했을지도 모를 일이다. 무엇보다 숙소가 편했다! 장애인 편의시설이 있는 저렴한 숙소는 모두 스페인에서 발견했다. 이곳 마드리드에서 묵은 곳은 스카우트 연맹 숙소로 장애인을 위한 편의시설이 있었다. 한국에서는 청소할 때 번거롭다거나 벽지와 장판이 휠체어에 훼손될 우려가 크다며 장애 학생을 그다지 반기지 않는 분위기인데, 나에게 샤워 의자의 높이까지 물어보며 꼼꼼히 설치해주는 이들이 새삼 고마웠다.

주요 관광지에서 약간 떨어져 있긴 해도 넓고, 하루 15유로의 착한 가격에 쾌적하고 친절한 숙소였다. 마지막까지 실컷 즐기다 가라며 마드리드가 우리를 독려하는 듯하다.

우리 불법체류나 할까?

'이렇게 평생 여행하듯 준우와 살아갈 순 없을까.'

한국으로 떠나기 전 마지막 이틀은 여느 때와 다름없었다. 아침이면 후다닥 시리얼을 먹어치우고 밖에 나갔고 해가 지고 나서야 숙소로 돌아왔다. 조금 달라진 것이 있다면, 마지막 잎새를 바라보는 병약한 소녀처럼 곧잘 상념에 빠지는 나 자신이었다. 부엔 레티로 공원에서 추위에 움츠렸던 근육 하나하나를 햇볕에 데우는 동안에도, 산책을 나온 강아지와 눈을 맞출 때도, 거리 악사의 멋들어진 연주를 듣다가도 불현듯 그리움 같은 것이 치밀었다. 이곳을 떠난 것도 아닌데 벌써부터 그리워서 미칠 노릇이었다. '다시 올 수 있을까?' '준우와 또다시 여행할 수 있을까?' 이런저런 생각이 불쑥 떠오르면 이 세상 전지전능하신 모든 분께 시간 좀 멈춰달라고 드러누워 떼라도 쓰고 싶은 심정이었다. 그럴 때면 부끄럽다며 꽁무니를 내뺄 준우를 생각하며 버텼다.

마지막 여행지. 시간은 부족해도 여비는 충만한 우리는 점심부터 외식을 했다. 이제는 거의 주식이 되어버린 빠에야는 물론 사이드 메뉴까지 양껏 먹고 프라도 미술관 근처에 있는 왕립식물원으로 향했다. 250여 년 전 카를로스 3세에 의해 조성된 이곳은 3만여 종의 식물들이 군락을 이루고 있었다. 마치 창덕궁 후원에 들어갈 때처럼 숲에 한 걸음씩 가까워질수록 도시의 소음이 아득해졌다. 좋다. 숲이 내뿜는 상쾌함도 사랑스러운 정원 양식들도. 특히 앙증맞은 화단이 분수를 감싸 안고 있는 모습은 손잡고 걸어가는 우리 둘을 어찌나 닮았는지 하마터면 준우에게 우리 같다고 말할 뻔했다. 위험했다. 낯간지러운 이야기를 좋아하는 준우에게 이런 말을 하면 닭살스럽고 민망한 멘트가 배가되어 돌아올 수 있으니 입단속을 철저히 하기로 한다. 이런저런 시시콜콜한 생각이 차오를 때쯤 수목원의 가장 안쪽 린네 연못이 보였다. 우리는 잠시 쉬어가기로 했다.

기념품 가게에서 산 스페인 국기 배지를 꺼냈다. 영국을 시작으로 파리, 스위스, 이탈리아 그리고 스페인. 새로운 나라를 방문할 때마다 국기가 그려진 배지들을 사 모은 덕에 준우의 크로스백에는 벌써 4개의 배지가 달려 있었다. 스페인 배지를 마지막으로 그간의 우리 여정이 그려진 퍼즐이 완성되었다. 그것들은 마치 기억의 책갈피 같아서, 하나하나 눈에 담으면 순식간에 그곳의 냄새와 바람이 불어오는 듯했다. 반갑기도 하고 아련하기도 해서 배지를 만지작거리다 불쑥 준우에게 말을 건넸다.

"우리 불법체류나 할까?"

"뭐? 푸하하. 휠체어가 눈에 너무 띄어서 순식간에 잡힐걸?"

"그치. 아무래도 그렇겠지?"

나의 뜬금없고 갑작스러운 제안에 준우는 기가 막힌 듯 헛웃음을 지었다. 하지만 나는 진심이었다. 정말로 이곳에서 준우와 상그리아나 마시며 평생 살고 싶었다. 멋진 풍경과 맛있는 빠에야에도 아쉬움이 스며들어 집에 가지 말라고 나를 자꾸만 붙잡는다.

스페인에서의 마지막 저녁 식사는 정말이지 근사했다. 마드리드를 여행하는 사람들은 거의 다 안다는 곳, 헤밍웨이의 단골집이기도 했던 세계에서 가장 오래된 레스토랑을 찾았다. 이곳에 대한 평가는 호불호가 극명하게 나뉘지만 바나나, 바게뜨 따위를 싸 들고 길거리를 전전하던 우리에게는 더없이 호화로운 식사였다. 운마저 좋았는지 모두가 예약하고 가는 이곳에서 얼떨결에 손님들 사이에 떠밀려 자리에 앉을 수 있었다. 메뉴는 어린 돼지 뒷다리와 상그리아. 맛이 좋아서 이곳의 대표 메뉴로 불릴 만했다. 특히 호리병 안에 담겨 있는 상그리아는 바르셀로나 해변에서 먹었던 것보다 훨씬 풍미가 좋아서, 단백질을 담뿍 섭취한 뒤 마른 목을 축이니 기분 좋게 취기가 올라왔다. 이대로 숙소로 들어가기 아쉬워서 우리는 조금 떨어진 역까지 걸었다.

"오늘이 마지막 밤이네. 아쉽다."

"그래도 좋다. 그치?"

어둠이 내려앉은 거리를 붉게 물들인 가로등은 근사했고 시원한 바람과 적당히 차오른 포만감에 기분이 좋았다. 이렇게 완벽한 밤이라면 오늘이 생애 마지막 날이라 해도 괜찮을 것 같다. 무엇보다 내 곁에는 내일이 기대되는 남자가 걷고 있지 않은가.

생각해보면 이 버라이어티한 남자와 함께하는 나날들은 언제나 축제였다. 준우 손을 잡으면 어디든 괜찮았다. 계단이 많아 혼자라면 절대 가보지 않았을 이태원, 한남동 같은 서울 시내를 비롯해 기차나 지하철이 닿는 곳이면 지방이라도 어디든 달려갔다.

생전 처음 록 페스티벌에 갔던 날은 지금도 잊을 수 없다. 젊은이들이 음악에 몸을 맡긴 채 모두 몸을 흔들고 있었는데 한강 공원에 그렇게 수많은 사람이 모인 것도 생경했지만, 그들의 강렬한 춤사위에 나는 잔뜩 기가 눌리고 말았다. '추하지 않게 고개나 끄덕거리다 가야지' 생각하는 순간 준우가 불쑥 손을 내밀었다. 부끄러웠다. 내가 몸을 움직이는 것. 이게 춤일까? 확신이 서지 않는다. 앉아서 추는 춤은 어딘가 완벽하지 않다고 생각해왔는지도 모른다. 그런데 그의 손이 닿는 순간 마법처럼! 볼품없이 나부끼던 팔의 휘적거림이 전혀 부끄럽지 않았다. 어느 순간에는 기쁨과 환희만 가득했다. 역시 늦게 나는 춤바람이 무섭다더니, 해가 붉게 타버리고 깜깜한 저녁이 올 때까지 우리는 들판에서 미친 듯이 춤을 췄다. 비록 다음 날 온몸에 파스를 붙여야 했지만 비트보다 쿵쾅거렸던 심장, 터질 것처럼 열에 들떴던 그날을 어떻게 잊을 수 있을까.

그랬다. 우리의 유럽 여행은 그날의 기쁨, 환희와 꼭 닮아 있었다. 준우와 함께하는 매일이 축제 같기에 여기 지구 반대편까지 떠나올 수 있었으리라. 나를 바라볼 때면 장애인에 따라붙는 세간의 우려와 시선은 거추장스럽다고 말하는 멘탈 갑인 이 남자, 그리고 낯설고 어두운 골목도 그의 손만 잡으면 들어설 용기가 생기는 나. 우리는 오직 서로였기 때문에 지난 45일 동안 등 돌리지 않고 여행할 수 있었다.

불순한 미술관 방문

고백하건대 이곳을 처음 방문한 계기는 불순했다. 청결하고 편리한 장애인 화장실을 찾아 헤매다 프라도 미술관의 장애인 무료 티켓을 이용했기 때문이다. 그러나 그 대가는 은혜로웠다. 미술관에 들어서는 순간 화장실은 안중에도 없어졌고 작품에 마음을 완전히 빼앗겨버렸으니 말이다. 세계 3대 미술관으로 꼽히는 위엄만큼 티켓 창구부터 장애인 화장실, 엘리베이터까지 편의시설도 완벽했고 작품 하나하나를 마음 편히 관람할 수 있을 정도로 사람도 붐비지 않았으니, 좀처럼 만나기 힘든 귀한 미술관이었다.

사실 5개국을 돌면서 단시간에 수많은 회화와 조각과 초상화들을 만나는 일은 무척 버거웠다. 더는 박물관과 미술관 투어를 하지 말자던 우리 결심이 이곳 프라도에서 손바닥 뒤집듯 냉큼 뒤집혔다. 이제는 작품을 감상할 여력이 한 줌도 남아 있지 않을 것이라 생각했는데 염려가 무색할 정도로 고야의 작품에 빠져버렸다. 그의 작품이 있는 2층 전시실에서 해가 질 때까지 나올 수 없었다.

생각해보면 우리는 참 많은 미술관을 돌아봤다. 대영박물관, 내셔널 갤러리, 자연사박물관, 루브르 박물관, 오르세 미술관, 로댕 미술관……. 정말 열심히도 다녔다. 명작을 만나는 일은 영광이었지만 미술관 순회에는 점점 피곤함을 느꼈다. 그림은 다 똑같아 보였고 조각상에도 별 감흥이 일지 않았다. 수태고지 작품은 백 번도 넘게 본 것 같고, 과장 조금 보태 예수님의 죽음은 한 오백 번? 부활은 천 번도 넘게 목격한 것 같으니 오죽했을까. 오디오 가이드의 낭랑한 목소리마저 곧 칠순을 맞이하는 교수님의 지루한 강의 같았다.

그래서 더 이상 미술관이나 박물관은 가지 않기로 했다. 바르셀로나 피카소 미술관은 정문만 보고 지나쳤고, 니스의 현대미술관은 화장실과 전망대 때문에 갔을 뿐이었다.

프라도 미술관도 처음엔 마찬가지였다. 부엔 레티로 공원에 장애인 화장실이 없어 프라도 미술관까지 온 것뿐이었다.

그런데 벨라스케스의 〈시녀들〉이 그려진 한 장의 입장권이 미술관에 지쳤던 우리를 다시 불타오르게 했다. 티켓에는 고야와 벨라스케스의 작품이 그려져 있었는데 그게 참 매력적이었다. 실제 작품을 보러 들어가고 싶을 만큼. 윤영의 열렬한 반응도 한몫했다. 고야 작품을 천천히 둘러보자고 먼저 제안한 쪽은 그녀였다. 그렇게 우리는 스페인의 마지막 날을 프라도 미술관에서 보내기로 했다.

오전에 도착한 프라도 미술관은 무척 한산했다. 오르세나 우피치 미술관에 비해서도 그랬다. 고흐의 작품을 보려다 사람들에 치였고, 보티첼리 관에서는 몰려 있는 인파를 보고 기겁하여 아예 들어가지도 못했었다. 베르사유는 어땠는가. 그 화려한 궁전에서 사람들 엉덩이만 죽어라 봤다는 그녀였다. 그런데 이곳은 윤영이 미술관 한가운데서 트리플악셀을 돌아도 될 만큼 공간이 넉넉했다. 여유롭게 가이드를 들으며 작품을 감상한 것은 정말이지 이번이 처음이었다. 그제야 〈시녀들〉 〈수태고지〉 〈쾌락의 정원〉과 같은 프라도의 대표 작품들이 더 가깝게 다가왔다. 지금껏 미술관의 명성을 좇아 관람을 다녔다면, 프라도 미술관에서는 처음으로 작품을 보기 위해 온전히 시간을 쏟을 수 있었다.

저녁에는 세계에서 가장 오래된 레스토랑에서 유럽에서의 마지막 식사를 했다. 어린 돼지 다리 요리에 상그리아를 곁들어 배를 채웠다. 얼굴이 발그레 열에 들뜬 윤영이 만족스런 미소를 짓는다. 프라도 미술관, 솔 거리, 레스토랑, 상그리아까지 모든 것이 마음에 드는 듯했다. 그러다가도 오늘이 마지막 날이라는 생각이 드는지 입꼬리가 금방 삐죽하고 내려간다.

윤영은 이번 여행에서 참 많은 것들이 명확해진 것 같다고 했다. 하긴, 꿈으로만 상상했던 곳, 정말 가고 싶었지만 정보가 없어 두려웠던 곳에 직접 뛰어들지 않았는가.

어쩌면 나에게도 불확실에 맞설 수 있는 기회가 필요했던 것 같다. 지금까지는 데이트를 계획해도 그 장소의 편의시설을 정확하게 알아보고, 백 퍼센트 즐길 수 없다면 아예 후보에서 지워버리곤 했다. 그러나 접근성이 절대적인 것이 아니었다. 정말 중요한 것은 장소를 대하는 우리의 마음가짐이었다. 불편하면 불편한 대로, 없으면 없는 대로 여행을 즐기는 법을 이제야 배워가는 듯했다.

이 여행은 앞으로 우리에게 어떤 에너지를 줄까? 아직 잘 모르겠다. 그러나 확실한 건 서로에 대해 꽤 많은 것을 발견했다는 것이다. 내가

그녀의 감정을 살피느라 마음 졸일 때는 그녀 역시 나를 살피며 가슴 졸였다. 헤아리고 격려하고 또 한바탕 울다 웃으며 여행했듯 앞으로도 그렇게 살아가면 좋지 않은가.

며칠 새 마드리드의 밤이 차가워졌다. 이제 우리는 끝나가는 여행의 아쉬움보다 즐거웠던 여정을 추억하기로 했다. 런던에서 먹었던 이든매스와 스콘을 생각하며 입맛을 다신다. 에펠탑을 지나 융프라우를 다시 한 번 오르고 젤라또를 떠올리며 침을 삼킨다. 구엘 공원과 사그라다 파밀리아를 산책하며 안토니 가우디를 만난다. 그러다 문득 니콜이 생각나 잠시 분개했다가 엠마를 생각하면서 마음을 가라앉혔다. 그렇게 한참을 떠들다 보니 저 앞에 숙소로 돌아갈 버스가 보인다. 끝나지 않았으면 하는 것은 왜 이렇게 짧기만 한지…… 우리의 여행은 그렇게 끝나가고 있었다.

그렇다고 우리가 여행 내내 웃고 떠들며 평화로운 나날만 보낸 것은 아니었다. 지난 40여 일간 비밀처럼 숨겨왔던 불편한 감정이 마드리드 이틀째에 터지고 말았다.

* * *

윤영과 함께하는 여행이 조금씩 불편해지고 있었다. 이것은 피렌체에서 겪었던 것과 완전히 다른 문제였다. 여행할 때의 역할은 따로 정하지 않았지만 시간이 지나니 자연스럽게 나뉘었다. 가고 싶은 곳이 일단 정해지면, 어떤 버스를 타고 어디로 걸어가야 하는지 찾는 것은 나의 몫이었다. 그 역할이 처음부터 힘들었던 것은 아니다. 그것이 버거웠던 때는 어느 순간 내가 여행의 동반자가 아니라 가이드가 된 것 같은 기분이 들면서부터였다.

길을 잃거나 방향을 잡지 못할 때면 내 탓인 것만 같아 미안하기까지 했는데, 정작 윤영은 여행이 길어져도 길 찾기에 좀 더 적극적으로 참여하지 않으니 불만스러웠다. 섭섭한 감정이 눈이 쌓이듯 소복소복 가슴에 쌓였다. 쌓인 눈은 바로 쓸어내지 않으면 단단히 얼어버린다. 문득 내 마음을 들여다보니 얼어버린 마음이 너무나 두터웠다. 마음이 터져버릴 것만 같아 더 감출 수가 없었다.

그래서 그날 밤에는 술이 마시고 싶었다. 술 한잔 마시며 이야기하면 그간 쌓인 감정을 윤영에게 더 잘 말할 수 있을 것 같았다. 그렇게 상그리아 한잔 마시자며 길을 나섰는데 웬걸, 주변에 술집이 한 곳도 없었다. 그렇게 한 시간을 헤매다 지쳐서 골목 어귀의 아무 펍에나 들어갔다. 입구는 계단이라 외벽에 붙어 있는 스탠딩 테이블에 자리를 잡았다. 이름도 모를 싸구려 와인 한 잔과 맛없는 안주가 나왔고, 거리에는 먼지 바람이 불어대니 도무지 진지한 이야기를 나눌 수 없었다. 결국 숙소로 돌아와서야 눌려 있던 감정이 마음의 뚜껑을 밀어내고 눈물로 왈칵 터져 나왔다.

***

처음에는 장난인 줄 알았다. 돌아서 있는 준우가 어깨를 들썩이길래 또 어떤 장난을 치나 싶어서 옆구리를 콕 찔러봤는데 아니, 이 남자 진짜 운다. 나는 이때까지만 해도 준우에게 이렇게나 깊은 서운함이 있는 줄은 몰랐던 거다. 미안했다. 준우의 불편한 마음을 진작 헤아려주지 못한 것도, 그의 말처럼 소극적이었던 나의 태도도. 비단 이번만이 아니었을 것이다.

떠올려보면 나는 착한 딸 그리고 착한 아이가 되기 위해 모든 환경에 순응했다. 걸을 수 없었고 휠체어도 없었고 학교에는 경사로 하나도 없었다. 밥 먹기, 학교 가기, 심지어 화장실을 가는 일조차 혼자 해결할 수 없으니 모든 일에 '나'라는 존재가 필요 없었다. 주체적일 필요가 없었다. 최대한 의견을 표출하지 않고 따르는 것이 주변 사람들을 돕는 일이라 여겼다.

그 시절의 수동적인 내가 요즘에도 슬그머니 모습을 드러내는 것을 나는 안다. 그리고 이제는 의견이 부딪치더라도 피하지 않는 것이 준우와 함께 걸어갈 방법이라는 것도 안다. 그럼에도 아직 다 버리지 못한 습관이 오늘의 문제를 만들어냈으니 나 역시도 적잖은 충격이다. 그러나 지금은 준우가 먼저다. 그의 마음을 어떻게 풀어주면 좋을까.

* * *

사실 쉽지 않았다. 윤영의 마음이 상하지 않도록 단어를 고르면서 내 감정을 드러내는 것이 참 어려웠다. 그날 밤 우리는 정자세로 앉아 마음속 이야기를 천천히 꺼냈다. 윤영은 차분히 나의 이야기를 들어주었고 결국 그녀도 울음을 터뜨렸다. 우린 서로에게 미안해서 부둥켜안고 울고 말았다. 그것뿐이었다. 특별할 것이 없었다. 이야기를 꺼내고 그녀가 내 이야기를 들어준 게 전부였지만, 그사이 내 마음에 따뜻한 볕이 들어 쌓인 눈이 녹아내렸다.

그리고 다음 날. 나의 제안대로 플라자 마요르, 산 미구엘 시장, 마드리드 왕궁을 둘러보는 일정을 윤영이 맡았다. 사실 불안했다. 지난 40여 일 동안 윤영에 대해 새롭게 알게 된 것이 하나 있다면, 그녀는 정말 대단한 길치라는 사실이었다. 그래도 한 번쯤은 온전히 역할을 바꿔보는 게 그녀에게도 나에게도 좋은 솔루션이 되어줄 것이라 확신했다.

그런데 제 버릇 개 못 준다던가. 윤영에게 길을 맡기자는 다짐도 잠시, 나는 뒤에서 슬쩍슬쩍 지도를 꺼냈다. 혹시나 방향을 잃을까 확인하는 것이었지만 본심은 길을 잃기 싫었던 거다.

결국 일은 벌어지고 말았다. 지도를 보던 윤영이 플라자 마요르 왼편에 산 미구엘 시장을 코앞에 두고서 갑자기 오른쪽으로 방향을 틀었다. 나는 급하게 그녀를 불러 그쪽이 아니라고 참견하고야 말았고, 상황은 역전되어 이번에는 그녀가 토라지고 말았다. 하지만 어쩔 수 없었다. 길을 잃기에는 너무 쉬운 길이었고 솔직히 나로서는 용납이 되지 않았던 것이다.

*　*　*

숙소를 나서는 순간부터 준우는 나만큼이나 조바심을 내고 있었다. 나 몰래 지도를 확인하고 있는 것도 이미 눈치챘다. 그는 길을 알려주고 싶은 것을 간신히 참고 있는 것처럼 보였고, 나는 그런 참견이 듣고 싶지 않아 날을 세워 방어 태세를 갖추고 있었다.

맞다. 나는 심각한 길치다. 지도는 참 어려운 물건이라서 지도를 보면서도 왼쪽과 오른쪽이 헷갈리곤 했다. 그래도 여행인데 뭐 어떠랴. 길을 잘못 들면 잘못 드는 대로 그곳에서의 즐거움이 분명 존재할 거라 생각했다. 하지만 준우는 정반대였다. 그날 할 일은 빈틈없이 계획하고 완벽하게 수행해야 직성이 풀렸다. 이제 와 생각해보니 내가 잠자코 있었던 이유 중에는 열심히 길을 찾는 준우에게 방해가 되고 싶지 않다는 마음도 있었다. 45일간의 촉박한 일정에 나처럼 안일한 생각은 별 도움이 되지 않겠지 싶었던 거다.

아, 분하다. 어째서 함께 여행한 지 40일이 다 되어서야 서로의 차이가 극명하게 드러난 것일까. 내가 분한 마음이 드는 것은 지금이 하필이면 여행이 다 끝난 시점이라는 것이다. 새로운 깨달음이 우리를 어떤 여행으로 데려갈지 너무나 궁금한데 이제는 늦어버린 것이다.

그때 은밀한 속삭임이 들려왔다. '아예 여행을 새로 시작해보면 어때?' 응큼한 내 속마음이었다.

휠링 wheeling 가이드

* 대중교통

지하철 편의시설을 이용할 수 있는 역과 그렇지 않은 역이 있어 확인 후 이용해야 한다. 관광안내소에서 지하철 노선도를 받아 휠체어 심볼의 유무, 즉 편의시설 여부를 확인할 수 있다. 시내 중심에는 이용할 수 있는 역이 다수 있으나, 조금만 외곽으로 멀어지면 편의시설이 부족한 역이 많다.

버스 모든 버스가 저상버스이며 휠체어 사용자가 이용하기에 무리가 없다.

마드리드 공항버스

티켓 구매

지하철역에서 지하철 버스 통합권을 구매할 수 있다. 1회권, 10회권이 있다. 하지만 버스와 지하철 간 환승은 할 수 없다. 만약 버스를 이용할 계획이고 주변에 접근 가능한 지하철역이 없다면 역 주변의 가판대에서 승차권을 구매할 수 있다. 이때 구매한 승차권으로는 버스만 이용할 수 있다.

* 택시

Eurotaxi Madrid(pide taxi) 뒷문을 열고 경사로를 통해 휠체어를 탄 채로 탑승이 가능한 택시다. 온라인, 전화, 애플리케이션으로 예약 가능하다.

홈페이지 : http://www.radiotelefono-taxi.com/eurotaxi-madrid.html
전화 : +34 91 547 8200

* 여기에 가볼까?

부엔 레티로 공원 마드리드에서 가장 규모가 큰 공원. 주변으로 카페와 간단한 식사를 파는 곳이 많다. 내부에는 크리스탈 궁전이 있는데, 현재는 미술 전시관으로 이용된다.

편의시설
• 공원 내 장애인 화장실이 없다. 근처의 프라도 미술관 화장실을 이용하자.

마드리드 왕궁 마드리드의 심장이라 불리는 왕궁. 스페인 왕실의 가장 상징적인 곳으로 18~19세기의 화려했던 생활을 엿볼 수 있다.

입장 시 특이 사항
• 장애인은 우선 입장.
• 장애인 및 동반 1인 무료.

편의시설
• 내부 엘리베이터가 있으나 임의로 이용할 수 없으며 직원의 안내를 받아야 한다.
• 1층에 장애인 화장실이 있다.

마드리드 왕립식물원 부엔 레티로 공원 남쪽의 식물원. 화려하지는 않지만 아기자기한 화단이 조성되어 있다. 꽃이 피는 봄, 여름에 방문하는 것이 좋다.

입장 시 특이 사항
• 매표소에서 지도를 받을 수 있다. 지도에는 휠체어로 이동하기 좋은 동선이 표시되어 있다. 곳곳에 계단이 있으나 우회로가 있어 관람에 큰 무리는 없다.
• 장애인 및 동반 1인 무료.

편의시설
• 장애인 화장실 있음.

프라도 미술관 세계 3대 미술관으로 손꼽히는 미술관. 스페인의 대표 화가인 고야, 벨라스케스, 루벤스의 대표작을 관람할 수 있다. 스페인 왕가의 소장품 등 스페인 회화의 역사를 살펴볼 수 있다.

편의시설
• 내부에 장애인 화장실, 엘리베이터가 있다.

산 미구엘 시장 중앙 광장 주변에 위치하며 마드리드에서 가장 오래된 아케이드형 시장이다. 언제나 관광객으로 붐비며 저렴한 가격으로 타파스와 과일을 맛볼 수 있다.

입장 시 특이 사항
• 출입구는 여러 곳에 있으나, 경사로가 있는 곳은 정문이 유일하다.

편의시설
• 내부에 테이블과 의자가 있어 구매한 음식을 먹을 수 있다.
• 1층에 장애인 화장실이 있다.

tip

마드리드 관광안내소 이용하기
마드리드 아토차 역내에 관광안내소가 있다. 지하철 노선도, 관광 안내 등 정보를 얻을 수 있다. 장애인과 관련된 식당, 숙박시설, 관광지, 액티비티, 여행 코스 등의 정보는 스페인 관광청 홈페이지에서 확인할 수 있다.
+ 홈페이지 : www.spain.info/en/informacion-practica/turismo-accesible

부엔 레티로 공원의 분수

산 미구엘 시장의 타파스

끝날 때까지 끝난 게 아니야

1.

우리는 어리석고 요령 없는 초짜 여행자였다. 그 사실은 귀국 전날까지 남은 여비로 판명되었다. 꼭꼭 숨겨놓았던 여비는 아뿔싸! 아직도 200만 원이 넘게 남아 있었다. 예상치도 못한 장애인 할인을 유럽 곳곳에서 받은 덕이기도 했지만 고기도 먹어본 놈이 잘 먹는다더니, 근검절약이 몸에 배어 있는 남자와 짐이 불어나는 게 두려웠던 소심한 여자는 돈 쓸 줄을 몰랐다. 이럴 줄 알았다면 개미굴 대신 인간이 살 만한 숙소를 잡고, 매일 저녁 와인을 마시며 한국에 없는 음식들은 모조리 먹어봤어야 했다! 여행에서 그보다 합리적인 소비가 또 어디 있을까. 우리는 그날 밤 여행자의 본분에 충실하지 못해 받게 되는 최고형인 '후회'를 혹독하게 치르고 있었다.

시간은 속절없이 흐르고 있었다. 당분간 유럽을 다시 오기는 힘들 테고 이제는 현실적인 대책을 세워야 했다. 온갖 생고생을 해가며 아낀 돈을 도로 한국으로 들고 가는 뼈아픈 수모만은 피하고 싶었다. 수수료도 걱정이지만 정세에 따라 그 값이 달라지는 것이 외화인데 다시 제값을 받을 수 있을 리가 없다(실제로 우리가 유럽을 다녀온 후 영국의 유럽연합 탈퇴, 즉 '브렉시트'로 인하여 유로 환율은 하루아침에 바닥으로 떨어졌다). 얼마나 흘렀을까, 우리는 섬광처럼 번쩍 떠오른 아이디어를 동시에 외쳤다.

"면세점!"

목적 없는 쇼핑을 즐기지 않는 나였지만 지금은 취향 따위를 가릴

처지가 아니었다. 비행기가 아직 뜨지 않은 것이 어쩌나 다행인지, 어리석은 우리에게 주어진 마지막 기회가 그저 감사할 뿐이다. 빵 부스러기를 사이에 두고 비둘기와 기 싸움이나 벌이던 시절은 다 잊고, 이제는 눈부신 조명 아래에서 판매원의 러브콜을 한 몸에 받는 VIP로 신분 상승을 꾀할 때였다.

돈을 아끼지 않겠다는 결심이 서자 평소였다면 어림없을 일에도 지갑이 열렸다. 한 예로 마트에서 동네 아주머니가 추천한 상그리아를 덥석 집어 든 일이 떠오른다. 믿을 수 없겠지만 "아가씨, 이거 사. 우리 집에서도 즐겨 먹어"라는 말이 또렷하게 들렸다. 그녀는 스페인어로 나는 한국어로, 우리는 완벽하게 말이 통한 것이다.

그렇게 나는 혼자 들기에도 벅찬 1.5ℓ의 상그리아를 사서 휠체어에 매달고 덜렁거리며 공항까지 왔다. 수화물 저울도 순식간에 마트 계산대로 바꿔버리는 그것을 나는 당당히 내밀었다. 항공사 직원의 황당한 표정도 잠시. 음료는 터질 위험이 있으니 포장을 해야 한단다. 결국 페트병의 몸집이 두 배가 되도록 테이핑을 해대는 바람에 터무니없는 돈이 들어갔지만, 웬일인지 전혀 아깝지 않았다. 작은 기념품 한 개를 두고도 들었다 내렸다 망설이던 나는 어디에도 없었다. 이 기세로 면세점까지 위풍당당 전진하기로 한다.

나의 사랑 상그리아를 화물로 보내고 장애 고객 지원센터로 향했다. 말이 지원센터지 컴퓨터 한 대에 의자 몇 개가 전부인 간이 대기실이었다. 그곳에서 한 명의 직원이 여러 명의 고객을 상대하고 있었는데, 한 손에는 표를 들고 다른 손에는 수화기를 든 것이 꽤 분주한 모습이었다. 티켓을 보여주고, 발음이 어려운 내 이름 석 자를 다시 한 번 일러주는 것으로 서비스 신청이 끝났다. 간단한 절차는 그를 위해서도 정말 다행이었다.

탑승까지 앞으로 두 시간. 이대로라면 넉넉하지는 않아도 가벼운 쇼핑은 가능했다. 이때까지만 해도 나는 '화장품? 가방? 아니야, 먼저 가족들의 선물을 사자!'라는 행복한 고민을 하며 나름 치밀한 작전을 세웠다. 한데 20분이 지나고 30분이 지나도 우리는 여전히 그 자리였다. 더는 기다릴 수 없어 "티켓팅과 탑승 신청도 끝이 났으니 면세점에 가고 싶어요"라고 말을 건넨 순간, 일이 단단히 꼬였다는 것을 느꼈다. 기본적인 영어만 가능했던 직원이 난처한 표정으로 어깨를 으쓱하더니 다시 자리에 앉아버린 것이다. 그래도 뭐라고 한마디라도 해주길 바랐건만……. 당황한 우리가 우왕좌왕하는 사이 누군가 우리 곁으로 다가왔다. 간단한 스페인어가 가능하다며 지켜보던 중동인이 통역을 자처하고 나선 것이다. 이렇게 고마울 데가! 이제 그가 이 상황을 모면할 마지막 희망이었다.

그러나 잠시 후 그의 입을 통해 돌아온 대답은 참으로 절망적이었다. 탑승장까지 가는 길이 복잡하니 단독으로 갈 수 없으며, 우리와 방향이 같은 청각장애인과 함께 안내해야 하니 다른 직원이 올 때까지 기다리란다. 면세점을 가는데 어째서 그들의 허락이 필요한 것인지, 게이트 방향이 같다는 이유만으로 어째서 다른 고객과 시간을 맞춰야 하는지 도통 이해가 되지 않았다. 처음에 느꼈던 당혹감은 이제 분노로 바뀌었다. 따져 묻고 싶은 마음이야 굴뚝같지만, 통역을 빌려야 하는 처지에 더는 염치가 없어 부글부글 끓는 속을 꾹꾹 눌러 담았다. 자꾸만 내려가는 입꼬리를 간신히 끌어올려 통역을 도와준 그에게 감사 인사를 했다. 그 역시 우리가 처한 이 상황이 이해되지 않는단다. 비행기 시간에 쫓기면서도 안타까워하며 자꾸만 뒤돌아보는 그를 우리는 멍하니 바라보았다. 자유롭게 어딘가로 향하는 사람들 틈에서 준우는 맥이 풀려 맨바닥에 주저앉았고, 나는 여전히 허공을 바라보았다.

언젠가 일본에서 한국으로 돌아오던 날이 떠올랐다. 그날은 전동 휠체어를 수화물로 미리 보내게 되어 공항에서 쓰는 수동 휠체어를 받았는데, 수동 휠체어를 스스로 밀 수 없는 나에게 한 명의 직원이 배정되었다. 그녀는 오롯이 나의 탑승을 도왔고 다른 업무에 쫓기고 있지도 않아서 나 역시 마음 편하게 면세점 쇼핑과 화장실 이동까지 요청할 수 있었다. 높이 있는 물건을 하나하나 내려주던 그 친절한 서비스가 너무나 아쉬웠다.

외화벌이에 일조하겠다는 친절한 고객을 이렇게 불친절하게 내팽개치다니! 믿을 수가 없었다. 남은 유로조차 내 마음대로 쓸 수 없는 현실이 화가 나고 어이가 없었다. 그렇게 황금 같은 두 시간을 고스란히 허공에 날려 보내고 보안 검색대로 향했다. 면세점을 들르지 못해 잔뜩 뿔이 났는데 이번엔 휠체어 가방이 문제다. 그들이 문제 삼은 건 준우에게 생일 선물로 받았던 백팩. 나는 이 가방이 너무나 마음에 들어서 갖은 방법을 다 써 휠체어 뒤에 매달았다. 분리되는 가방끈이 아니어서 고리 부분을 녹여 달아야 했고, 그 뒤로 다시는 떼어낼 수 없게 되었지만 상관없었다. 그렇게 갖은 정성을 들인 애장품 1호인데 지금 당장 떼라고 하니 청천벽력이다.

가방 속 물건들은 벌써 탈탈 털려 검색대를 통과했으며, 금속 탐지와 몸 수색만 받고도 지금까지 수많은 비행기를 문제없이 탔음을 설명했지만 통하지 않았다. 믿기지 않았지만, 근처에 영어가 가능한 직원이 단 한 명도 없었다. 그저 몇 개의 영어 단어와 몸짓을 조합해 우리에게 명령을 내리고 있었다. 융통성 하나 없는 그 '담백한' 표현들이 친절하게 들릴 리가 만무했다. 심지어 우리를 일본인이라고 생각했는지 "사게로! 사게로!"라며 어색한 일본어를 툭툭 던지기까지 했다. 이제는 한국인의 자존심마저 건드리고 있다.

"떼라."

"못 뗀다니까!"

준우는 더 참지 못하고 격분했다. 갑자기 높아진 언성에 검색대를 통과하던 많은 사람의 시선이 일제히 우리에게 박혔다. 3년을 사귀었지만 그가 이렇게까지 화를 내는 모습은 처음이다. 나는 준우의 손을 낚아채며 "왜 이래, 진정 좀 해봐"라고 채근했다. 이런 식으로 나가다간 우리에게도 좋을 것이 없었다. 알겠다며 준우가 마지막 승부수를 띄웠다.

"그럼 당신들이 한번 떼어봐!"

한풀 꺾인 준우의 태도에 그들도 별 수 없다는 표정으로 다가와 이리저리 살펴본다. 그런데 당장이라도 가방을 떼어 갈 것처럼 강경하던 그들이 가방이 달린 형태를 보고서는 어쩐 일인지 미적미적한다. 한참을 자기들끼리 눈빛 교환을 하는가 싶더니 결국 기세가 꺾여 패배를 인정한다. 표정은 여전히 석연치 않으면서도 지나가라고 길을 내어준다.

"세상에, 우리 여태 뭐한 거야?"

따지고 보면 내 작은 키를 보완하느라 60cm가량 높인 쿠션에 더 많은 것을 숨길 수 있을지도 모른다. 물론 그런 짓은 하지 않지만, 그들은 그런 것에는 관심조차 두지 않았다. 그러면서 단순히 눈에 보이는 천 쪼가리 가방 하나를 떼지 못해 혈안이라니……. 들쑥날쑥하고 빈틈 많은 규정에 이제는 넌더리가 날 지경이었다.

여행 끝에서 붉게 타들어가던 이런한 감정이 다시 냉정한 현실로 돌아왔다. 정신이 번쩍 들었다. '그래. 이것이 바로 장애인 여행의 현실이었지!'

이해를 구해야 하고, 수많은 설명을 거듭해야 했으며, 순전히 직원 개인의 가치관에 따라 여정이 좌지우지됐다. 불안하다. 불안하고 또 불안해서 피곤한 여정이다. 하지만 그렇기에 더 자주 부딪쳐야 하는 멈출 수 없는 길이다. 목발을 짚거나 휠체어를 타거나 지팡이를 짚거나 호흡기를 차고 있거나, 우리가 어떤 모습을 하고 있더라도 그것이 더 이상 생경한 모습으로 여겨지지 않을 때까지 우린 떠나야 한다.

2.

　여행을 다녀와서 여러 군데 이력서를 넣었어요. 그러다 한 회사에 면접을 보러 갔습니다. 지적 장애인들이 임가공을 해서 제품을 만들고 납품하는 회사였어요. 자기소개서를 살펴보던 면접관은 제가 얼마나 장애인을 이해하고 있으며 또 장애인과 함께한 경험이 있는지를 물었어요. 그래서 저의 이력을 설명한 뒤 마지막에는 휠체어를 타는 애인과 유럽 여행을 다녀왔다는 말을 했습니다. 면접관의 흥미를 끌고 싶었거든요. 그 말을 들은 대표는 이렇게 말하더군요.

　"그럼 자네가 한 달간 여기저기 데리고 다녔겠구먼. 대단하네."

　저는 데리고 다닌 것이 아니라 함께 여행을 한 것이라 말했지만 그 차이를 이해할 생각이 없는 그에게 딱히 더 할 말은 없었습니다.

　사람들에게 우리 여행을 이야기하면 놀라워하며 대단하다고 합니다. 요즘은 TV를 틀면 여행 프로그램을 참 많이 볼 수 있습니다. 그만큼 여행이 대중화된 것 같아요. 생각해보면 여행을 다녀온 사람들에게 "부럽다"라고는 많이 하지만 "대단하다"라는 말을 하지는 않아요. 그럼에도 우리에게 대단하다고 말하는 이유는 '장애가 있음에도' 혹은 '장애인과 함께' 이역만리 유럽을 누볐다는 것이겠지요. 하지만 여기에는 경계해야 할 부분이 있어요. "대단하다"는 말은 '장애인은 하지 못한다'는 생각이 깔려 있기 때문에 나올 수 있는 반응이거든요. 그래서 저는 그 말이 굉장히 싫습니다.

***

   맞아요! 특히 "남자 친구가 참 대단하네"라는 말은 정말이지 참아주시겠어요? 그가 참 멋진 사람임에는 틀림없지만요. 여러분에게만 귀띔하자면, 당시 이 남자는 여자 친구와 한시도 떨어지기 싫은 연애 초반의 열병을 앓고 있었답니다.

   책을 쓰자고 마음먹은 것도 여행을 다녀오고 한참 뒤였어요. "대단하다"라는 말이 별로 듣고 싶지 않았던 거죠. 그런데 "45일 유럽 여행은 돈이 얼마나 들어?"라는 질문을 받을 때마다 가슴 한구석이 꿈틀거리는 거예요. 그 질문 속에 내가 있었거든요. 불과 몇 개월 전까지 다른 세계로 떠나는 것이 상상조차 되지 않아 막막함과 무기력에 빠져 있던 내 모습이요. 떠남에 대한 열망이 강해질수록 물리적, 물질적 장애가 더욱 무겁게 느껴졌습니다. 그래서 수많은 '나'와 함께 이야기할 수 있으면 좋겠다고 생각했어요.

   세상에는 수많은 장애 유형이 있어요. 편의상 분류된 유형 중에 설령 나와 당신이 같은 장애로 불리고 있더라도, 밤에 눈을 감고 아침에 눈을 뜨는 시각이 각기 다르듯 우리는 절대 같을 수 없죠. 자신이 가진 고유한 특성에 따라 여행 방법도 천차만별 달라지는걸요. 그래서 원고 작업이 중반을 향해 갈수록 어떤 책임감이 나를 괴롭혔어요. 가능하면 많은 장애인들이 공감하고 유용한 정보로 활용할 수 있는 글을 쓰고 싶었거든요. 독자가 마지막 장을 덮는 순간 "남자 친구랑 다녀왔으니 가능했겠지"라고 한다면 그처럼 슬픈 일이 또 있을까요. 그래서 온종일 모니터만 바라보며 멍 때린 적도 많았습니다. 결국 모든 장애에 맞는 이야기는 담지 못했어요. 애초에 불가능한 일이었죠.

그러나 해답은 찾았어요. 고민 끝에 내린 나의 결론은 '자신에 맞는 여행 방법은 자신만이 찾을 수 있다'였습니다. 가난한 여행자 주제에 유럽에서 최대한 오래 머물고 싶어 접근성과 편의성을 모두 포기한 채 호스텔을 배회하고, 매일 아침 바나나 한 개와 빵을 싸 들고 우리가 거리로 나섰던 것처럼, 자신의 욕구와 장애 상태에 따라 자신만의 여행을 디자인할 수 있다는 거죠. 혼자서 여행이 힘들다면 여행 비용에 대해 가감 없이 논의 가능한 활동보조인을 직접 구하거나 마음 맞는 친구와 함께 떠나는 방식으로 여행 파트너를 찾아보세요. 배리어 프리 룸이 있는 숙소여야 한다면 호텔에 머물면서 예산에 따라 체류 일정을 줄이는 등의 방법을 찾아야지요.

디테일한 여행 계획을 세우려면 먼저 나의 상황을 정확하게 인식하는 일도 필요합니다. 나의 장애나 컨디션에 따라 무엇이 필요할지 예측하는 일은 나만이 할 수 있잖아요? 이러한 고민이 끝나고 나면 떠날 수 있는 '나만의 방법'을 분명히 찾을 수 있을 거라고 생각해요!

* * *

그래서 더욱 이 책을 읽어주신 여러분들이 저희의 이야기를 대단하게 여기지 않으셨으면 합니다. 그저 알콩달콩한 커플이 여행을 떠나 조금은 색다른 경험을 했다고 생각해주시길 바랍니다. 누구든 경험할 수 있지만 누구나 경험하지는 않을 이야기를 나누고 싶었어요.

책을 내면서 참 아쉬운 점이 많습니다. 디종에서 카메라를 잃어버리지 않았다면, 사진을 조금 더 연습하고 떠났다면 어땠을까요? 미처 책에는 넣지 못한 이야기들을 조금 더 잘 다듬었다면 더 많은 이야기를 할 수 있었을까 하는 생각이 들어요. 참 부끄럽습니다. 하지만 윤영과 함께 떠난 여행, 그리고 책을 쓰기 위해 나눈 이야기와 고민들이 새삼 소중하게 느껴집니다.

다음 여행은 조금 더 자유롭고 싶습니다. 다시 떠난다면 내려놓고 여행을 즐길 수 있을 거란 확신이 듭니다. 보물을 찾아 떠나는 잭 스패로우처럼 지도를 던지고 그저 나침반을 따라 느긋하게 항해하듯 즐기고 싶습니다. 그러다 보면 아직 발견하지 못한 세상과 보지 못한 서로의 모습을 새롭게 만날 수 있지 않을까 합니다. 그 여정이 언제가 될지 모르지만, 늘 여행하는 마음으로 삶을 살아가다보면 어느 순간 나침반이 가리키는 그 점에 도달할 것이라 믿습니다.

* * *

누구에게나 여행은 막막하죠. 장애인이든 비장애인이든, 곤란하고 힘들었던 기억이 많은 사람일수록 새롭고 낯선 곳으로 향하기까지 꽤 많은 에너지가 필요합니다. 하지만 여행이 두려웠던 만큼 새로운 곳에서 더 큰 전율을 느끼는 게 아닐까 생각해요. 나를 평생 지배하던 강력한 억압을 넘어섰기 때문에 여행으로 인한 자부심이 더욱 크게 느껴질 수밖에 없는 거죠. 특히 장애인의 여행은 변수가 어찌나 많은지! 나만의 독특한 경험이 하루에도 산더미처럼 쌓여요. 덕분에 돌아와서 할 이야기가 너무너무 많아요.

언젠가 준우와 다시 떠날 날을 꿈꾸고 있어요. 그것이 언제가 될지는 알 수 없지만 다음 여행에서는 유유자적 자유로운 여행을 추구할 계획이라고 하니 그를 한번 믿어보려고요. 우리는 또 좌충우돌할 테고 갖가지 사건들이 또 터지겠지만, 그 쫄깃한 이야기 보따리를 다시 풀어놓을 수 있었으면 좋겠네요! 마지막 페이지까지 읽어주신 독자님께 감사드립니다. 독특하고 기발한 나만의 여행 방법을 찾아 꼭 떠나시기를 응원합니다.

아아아- 한국에서 장애인 화장실이란 얼마나 금쪽같은 존재인가. 아픈 배를 움켜쥐고 장애인 화장실이 있을 법한 신식 건물을 찾아 헤매거나, 찰랑이는 술잔도 내려둔 채 지하철역까지 내달리게 만든다. 그렇게 화장실을 찾았다 한늘 안심하기는 이르다. 휠체어 심볼이 버젓이 있어도 휠체어 한 대가 들어가지 못할 만큼 좁거나, 청소 도구함으로 전락한 지 오래인 곳을 만나면 말짱 꽝이다. 귀한 장애인 화장실님을 면전에 두고 발길을 돌리는 일도 부지기수. 그때마다 터질 것 같은 것은 가슴이 아니라 다른 곳이었다. 한국에서 그나마 안심하고 사용할 수 있는 곳은 지하철역 장애인 화장실 뿐. 언제 어디서 무얼 하든 장애인 화장실은 아주 중요한 문제다.

그렇다고 유럽의 화장실이 나를 자유롭게 만들어준 것은 아니었다. 꽤 많은 관광지에서 문 잠긴 장애인 화장실을 만나고, 매번 직원을 호출하는 것도 여간 번거로운 일이 아니었다. 위생 상태도 썩 좋지 않은 데다 변기는 왜 이렇게 크고 깊은지, 생전 처음 만나는 위압적인 크기에 한동안은 화장실 가기가 두려웠다.

한국과 다른 점을 꼽자면 그것은 바로 화장실의 '위치'였다. 한국에서는 당장 지하철역으로 달려가야 했지만 유럽은 달랐다. 오래된 역은 휠체어 접근성이 떨어질뿐더러 화장실이 없는 곳이 대부분이기 때문에 찾아갈 이유가 없었다. 그렇다면 어디로 가야 할까? 정답은 바로 음식점, 공중화장실, 공원이다! 여행 초반에 이런 사정을 알 리 만무했던 나는 박물관, 미술관만 보이면 화장실로 뛰어 들어가기 바빴으나 장애인 화장실은 생각보다 곳곳에 있었다.

특히 식당에서 장애인 화장실을 발견했을 때는 그야말로 문화충격이었다. 어째서 이런 곳에 장애인 화장실이 있을 수 있는지 의문이 들 정도였다. 한국에서는 공공건물이나 신식의 대규모 빌딩에서나 겨우 만날 수 있는 존재가 아닌가? 물론 유럽의 모든 식당에 장애인 화장실이 있는 것은 아니다. 그러나 화장실을 찾을 때는 식당을 비롯해 주변 곳곳을 살펴보는 것이 더 빠르다는 걸 알게 되었다.

그런가 하면 프랑스는 파리를 포함한 일부 지역에 둥근 캡슐 모양의 이색적인 공중화장실이 있다. 돈을 내지 않고도 장애·비장애인이 함께 사용할 수 있는 아주 바람직한 곳인데, 사람이 나가면 변기가 접혀서 자동세척되는 최첨단 시스템을 갖추었다. 사용법에 미숙했던 나는 열림과 닫힘 버튼을 잘못 눌러 변기 세척 물을 고스란히 얻어맞기도 했지만 시원했다. 장애인에게는 화장실 사용료를 받지 않는 곳도 많았다. 유료 화장실 내에 있는 장애인 화장실이더라도 직원에게 요청하면 그냥 문을 열어주기도 하니 망설이지 말고 일단 들어가자.

tip

화장실에 대한 걱정이 많다면 평소에는 사용하지 않더라도 기저귀나 휴대용 소변기를 챙겨 가는 것도 좋다. 성별에 따라 여러 타입의 제품이 있고 인터넷 쇼핑몰에서도 쉽게 구매 가능하다.

❶ 귀여운 햄리스 화장실 : 영국 최대의 장난감 백화점은 화장실마저 아기자기.

❷ 켄싱턴 궁 화장실 : 기품이 넘치는 장애인 화장실의 휠체어 픽토그램.

❸ Pont du Garigliano 역 화장실 : 오, 제발 고장 나지 마요.

❹ 프랑스 거리 화장실 : 모두가 이용 가능한 프랑스 개방 화장실.

❺ 융프라우 화장실 : 유럽의 지붕, 유럽에서 가장 높은 곳에서도 걱정은 뚝!

❻ 베네치아 화장실 : 호출하면 위층에서 열쇠를 든 스태프가 내려온다.

❼ 바티칸 성 베드로 성당 옥상 화장실 : 세계에서 가장 성스러운 화장실이 아닐까.

❽ 까사 바트요 근처 버거킹 화장실 : 우리나라와 달리 일반 식당이나 패스트푸드점에도 장애인 화장실이 있다.